次易原理

下卷

（二）

陳 永 騰 著

文史哲出版社印行

變卦下經

冪定卦

冪定。無映徑，冪全亨，等易是定，有終。

象曰：冪定，混貫冪，雖有不現之徑，亦等亨，互定義演，固而有終。

象曰：上剎下謙，冪定。易以通徑一顯。

上九，至無之映，往迷。

象曰：至無近易，知映，往不可究，迷矣。

六八，等徑冪定，亨。

象曰：無映，有則等徑，冪定之亨。

六七，剎虛顯實。

象曰：冪定之降，剎虛顯實，而衍有之。

六六，虛不棄，據定。

象曰：不顯亦不棄，據定，無則援有矣。

六五，冪定等義，元亨。

象曰：基虛而固實，元亨。

六四，定映之固，非既實。

象曰：我以定映，似固，非既實也。

九三，混通之冪，不利攸往。

象曰：本無既定，求源不得，不利攸往。

六二，系徑，貞固。

象曰：微異無窮，冪定義一，貞固。

初六，謙遺善，有失。

象曰：冪定無俱，其謙有失。

陽辨：◎冪定，情境演變無窮可能下，路徑之間的等價關連。以無為本的混沌大體，必定在降冪形勢勾勒之中，無窮路徑無論虛實，皆相互等價之下，才會形成演變必然的事態，也才會有「不易」的法則。◎形成的路徑之間，差別之距，理論上也是無窮，即使對情境來說，這種差異可以省略，但是對變易體而言，仍然存在差異與等價的關係。

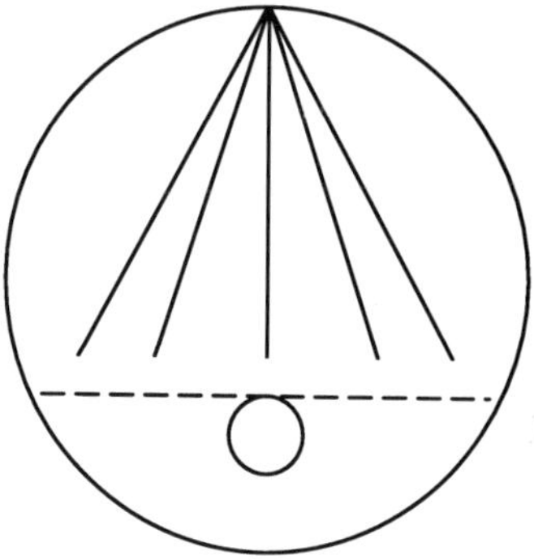

陰識：◎學術中混沌理論，到最後找不到任何數學模型，只能夠拿來解釋說，一個重大的隨機事件，有無數細微之的構成因素。◎只要是存在，就沒有數量與成分的對比問題，兩種變易路徑就必須全然等同。如此在情境之中，矛盾的起源，由此漸生。只有建置，等冪定一切形式的等價意義，才能因乾、坤、夸古，去接近無窮力的概想。

⚊⚋⚋⚋⚋⚋⚊⚊⚊ 歸涉卦

歸涉。大生之攸，不見貞，成塑之亨。

彖曰：歸涉，有盪遇阻，非固，歸元大通，重涉據塑而深攸再往，大可功也。

象曰：上剝下泰，歸涉。勇者以再健續行。

上九，易踐大生。
象曰：易踐大生，我存返究也，其深潛入冪矣。
六八，歸因存，利悠遠。
象曰：慧也，越歸元，等價以制，故利悠遠。
六七，涉塑入律。
象曰：涉塑入律，可引所申則。
六六，逆剝力，溺固。
象曰：逆剝力，歸涉不及，溺固，毋可行矣。
六五，不汰，慎運。
象曰：厄而不汰，必生本所給，未可恃，慎運也。
六四，僅歸涉，毋患。
象曰：其大涉可也，關連相攸，毋所形患。
九三，取泰御剝，元亨。
象曰：似不適，而後行大通，元亨。
九二，旭泰，吉。
象曰：旭泰，歸元塑作，吉。
初九，誤虛逝，往吝，終凶。
象曰：歸涉宿中也，未必以貞，誤演虛逝，未返，終凶也。

陽辨：◎歸涉，風水歸涉，關連動健之器的概想。作功的流程並非如此狹隘，而是在等價的基礎上，建置相互關連的體系。在這關連體系中，毋論內外形勢，都變成不重要，而成在關係傳遞上，建立存在的格局。即使轉變為狹小的空間，也會在當中建立迷你的風水格局。

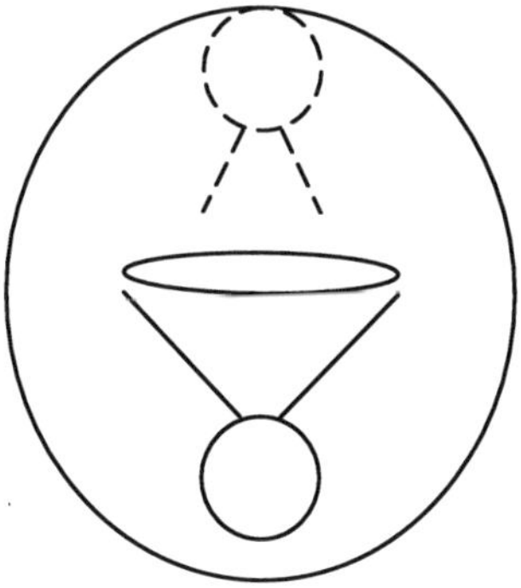

陰識：◎不成熟體系，必有自我重新再設的能力，不管優劣都仍有存在的基礎，而存在基礎若自擇得當，運用本質的中性，必定可以再涉行新的功能，優勢與劣勢，是同存在所降冪延伸的，任何優劣數值的常態定義，都是相對不穩固者。◎倚忖階卦，意識雖相對高階，然簡化之顯，故常態皆入情境體運行體制下。若行歸涉之易，必先過歸元返始之隘，才能發揮出其忖階之效。◎麻將在開局之初，「九萬」跟「一萬」的意義相同，沒有形式上「九比一」的型態問題，開局組合之後才有輕重取捨，而九萬不見得比一萬重要。同理入致於圍棋，也是這個道理。

— -- -- -- -- — -- -- 腆總卦

腆總。總檢之攝，不利貞，任艱，以悠遠。

象曰：腆總，不即之，往涉簡達，易所腆總，而瑕存攸往，不利貞。

象曰：上頤下豫，腆總。易以等制所降。

上九，易總，貞固。

象曰：易總，腆而無尤，貞固。

六八，腆續檢，亨。

象曰：腆續檢，得簡御也，亨。

六七，腆總聚義，利涉大川。

象曰：總其潛伏，義可聚也，利涉大川。

六六，促即，往無咎。

象曰：勢迫而促即，雖未遠計，往無咎。

六五，腆頤之失。

象曰：腆頤，慢也，必有失矣。

九四，腆無時，終吝。

象曰：怠而未總矣，終吝。
六三，急平所失，終厄。
象曰：勢有總而後動，所平所失，後亦載厄。
六二，豫異之究，大利攸往。
象曰：其究，腆總可制，故大利攸往。
初六，腆總之攸，貞吉。
象曰：一簡而皆彌，識見正極也，貞吉。
陽辨：◎腆總，以漸簡補改的總御之能。對變易體而言，意識與情境都是降冪的延續，對變化來說都具有同一性質。若忖階的意識有候變性，其所操控的情境態勢也必如此。所以一種情境缺陷，即便表象掩蓋，也並不會馬上改變。◎自然界總以最簡易的方式，彌平最廣泛之情境，入之於潛伏，即跨越時間隔代，而同義於一簡易之象。故曰：「腆總聚義」。

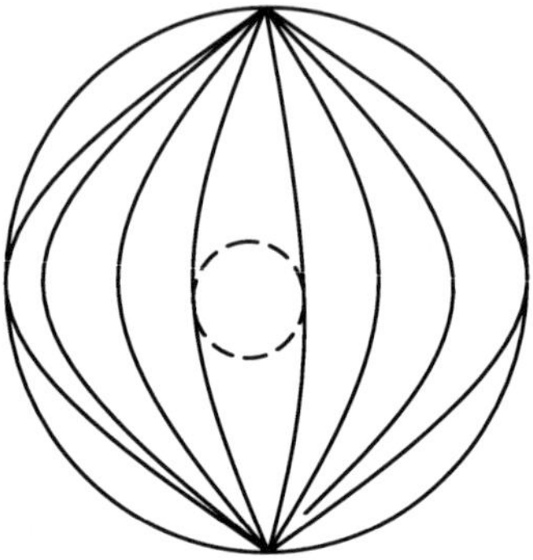

陰識：◎在自擇天翦的形勢下，生物體的演化變異可以有快有慢，然而對於一自擇體來說，發現一缺陷，而快速去補改，並不一定有利。補改所施之態，在情境的彰顯空間中是優勢，然或許在時間的延續當中，可能是另一種更大的缺陷，從而阻礙後續的契機。是故腆總一種簡易方式，彌平最多缺陷，一氣通貫運行，而候變時間給予的機會。

— -·- -·- -·- -·- — -·- — -·-　襲局卦

襲局。承行之攸，未可自鑑，終吝。

象曰：襲局，襲者自攸，乾乾非貞固，所大懼者，面革而心不革，襲局而速所殷小，終有大厄。

象曰：上頤下解，襲局。智者以大格棄私。

上九，襲局因宿，僵義。
象曰：因宿而必無期展，僵義而不攸矣。
六八，層形廣固。
象曰：層形襲局，廣固維艱，不利攸往。
六七，襲局朵頤，凶，終大吝。
象曰：雖上位，亦有朵頤之凶，終與大吝。
六六，襲局解繹。
象曰：襲局解繹，層所關攸，以歸涉成器。
六五，漸狹襲局，終不往。
象曰：其行必然，故終不可往。
九四，動行離離，終厄。
象曰：雖設新局，動行離離，不可納，終厄。
六三，納高識，貞吉。
象曰：其有遇域，襲局之利，貞吉。
九二，次行新局，大利悠遠。
象曰：近易之據，次行新局，襲局貞也，大利悠遠。
初六，涉深易，慎恤。
象曰：雖有新局，涉深易而未可制，慎恤。

陽辨：◎襲局，時間必然承襲之下，新格局突展之籌。在因襲空間開放而時間封閉的情境取象下，後來者，無可選擇承襲過去的累積，而在先天因境格局上，有著諸多慣性。然而時間為情境的潛伏，此襲局者，並非理所當然，不是不能改變。◎時間尺度由大而小，時義由遠而近，在乾綱運行下，襲局必以層層關連。後續承襲者雖有奠基，所能夠展現出來的動健能力及其格局，也就越來越小。

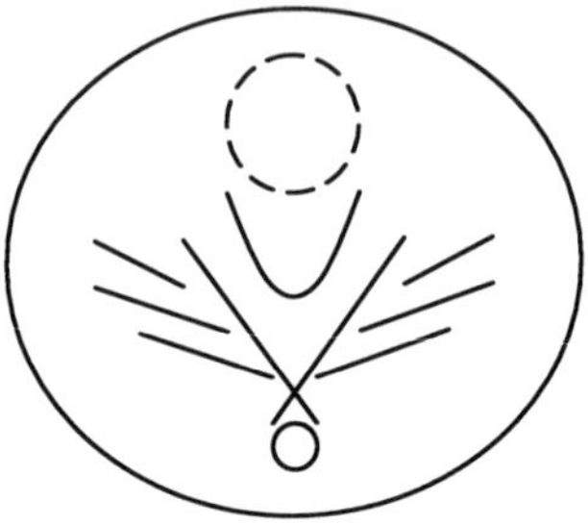

陰識：◎每突破一局，就面臨出新的變易深度。此外，原有承襲而成的動態事件，必定成為沒有奠基的自由離子，而未必見納於新有的局面之中。故襲局大體者，求所之識大矣。

薄慣卦

薄慣。以願望，雖可易，中失，不利攸往。

象曰：薄慣，作動於存，不易甚變，未悉識因則，強立敗厄，慎固。
象曰：上頤下歸妹，薄慣。智者明析慎慮而後變
上九，存具，攸立。
象曰：存具之則，深冪再引不易，攸立。
六八，薄慣傾固，終吝。
象曰：傾固，不易晉制也，未可元亨，終吝。
六七，慣引養頤，後厄。
象曰：其溺固之習，不利動機，後厄。
六六，薄幾，無咎。
象曰：溺習有失，薄幾易異，雖不制，無咎。
六五，薄慣蓄制，吉。
象曰：終有期也，制可行之，吉。
九四，薄慣求望，位可制。
象曰：圖所維新，位可制，能未必至，慎所惘。
六三，歸妹失交，不利攸往。
象曰：慣之不深矣，不利攸往。
九二，越圖之施，凶。
象曰：望高而能低，不深析而近功，行途終歧，凶。

初九，薄慣引識，利悠遠。

象曰：引識，汲其能，薄慣可制矣，利悠遠。

陽辨：◎薄慣，不易的本質，因物成性之狀。原始的部份到新近的部份，設歧分化，透析慣性規制。慣性因不易而固作，不易之根本又建置於變易之中。是故任何，思想慣性、生物慣性、物質慣性，只是其存在所產生出來的虛態，過去與未來的虛逝所層流。倘若以存在的法則，薄動慣性的本身，那麼虛逝的這種狀態，就可以因而清楚地規制，而非隨機自擇。

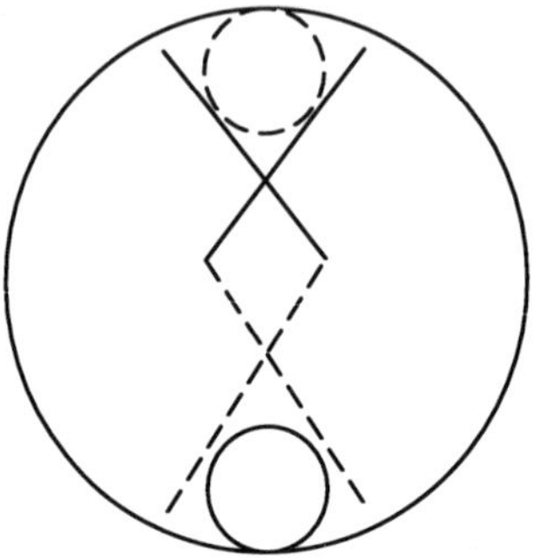

陰識：◎無論再複雜的慣性脈動，深入變易存在的法則，就具有改變慣性的能力。然而在運作之中，存在的根本法則，並不能全盤透析，倘若改動的格局超過所透析的法則，必有漸變失序之厄，不易根源變易之故。

待僭卦

待僭。紊成型，型受僭，多形義而同一，不利攸往。

彖曰：待僭，上制不制，頤其存，終如待變，易僭其旨，可圖終不可阻。

象曰：上頤下恆，待僭。智者以義來象之旨。

上九，上制之坦，假元。

象曰：上制之坦，無勢可略矣，往假所元。

六八，存待僭，毋恤。

象曰：組存其情，必有待僭，非智力矣，毋恤。

六七，恆待，失據。

象曰：非可恆持，失據也。

六六，頤之遺，後有困。

象曰：頤而失恤，終以遺，故後有困。

六五，僭其宗，序險行。

象曰：引其遺而圖，自亦啟遺，序險相待之行也。

九四，相時不治，終不得。

象曰：相時不治，待僭潛作，雖有略，終不得。

九三，擬形之恤，利攸往。

象曰：前制近健，雖待僭而不害，利攸往。
九二，影待之迫，慎觀。
象曰：明暗同求，慎觀所在。
初六，待僭因遺，終厄。
象曰：因所遺漏，象引自成，終厄。

陽辨：◎待僭，宗旨待變。組成意義，容許被僭易。不管任何神聖的意義，都是由已知與未知，或秩序與紊亂的情境，所共同組成，並且沒有永恆不變的基礎。則意義的核心宗旨，在降冪之下，必定逐漸被改變而不可阻止，或週期長或週期短而已。◎倘若洞悉一種，深邃且共通於各種學科辨識的法則，那麼運用這法則，除了會使各種學科辨識，整體相通，也會使所有辨識的宗旨，發生僭易，自然界發生無法預料的事件，多基於此。

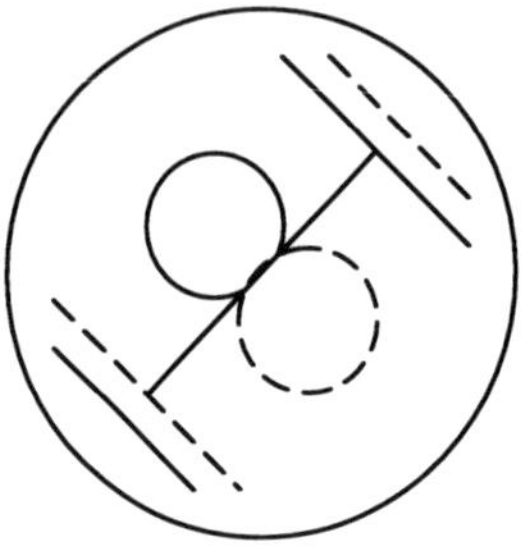

陰識：◎倘若一情勢，只能在等待不可制之變化，去找尋出路時，此情勢為待僭之狀矣。已明確定義的意義在等待，因之遺漏象，而未明確定義的意義，也必同時在等待，只是等待的變化不同，而求顯現的標的一致，何者能得動健，搶佔先機而已。故受困者，半有自困矣。

— -:- -:- -:- -:- — — — —　昂時卦

昂時。上制困我，昂而必陷其時，待亡而止。

彖曰：昂時，等價陰反，故亡而止，存則必有倚也，必陷溺於時義所亨，未可歧由矣。

象曰：上頤下大壯，昂時。嚴者以虛箝實。

上九，虛逝等存。

象曰：虛逝等存，兩儀有制，必陷之倚。

六八，昂時微以，貞固。

象曰：微以，上制連亨，常行不可越也，貞固。

六七，昂時箝亨。

象曰：虛逝大體而整，必箝實以亨。

六六，整設一，上假。

象曰：我有因果，有一而上假，常不可逆也。

六五，昂時參度，有顯，元亨。

象曰：時義顯也，以所參度，元亨。
九四，頤不合，厄。
象曰：未有破固，頤而不合，傷矣，厄。
九三，宏微艱易，往吝。
象曰：昂時之態，微以有固，容整於宏遠，雖知而未可過，往吝。
九二，大壯溺涉，不得。
象曰：其昂時以固，無所本位，不可得也。
初九，昂時求仰，無咎。
象曰：有不可及也，雖不果，無咎。

陽辨：◎昂時，時義銜接之制。當虛逝的參考點，不斷往遙遠的過去移動，那麼虛逝的連通體，會越來越大，自身任何的虛逝因子都被包羅於其中。從而自身極微不足道的事件，也會與原始結構及弘遠的意義，發生連通關係。故曰：「昂時箝亨」。

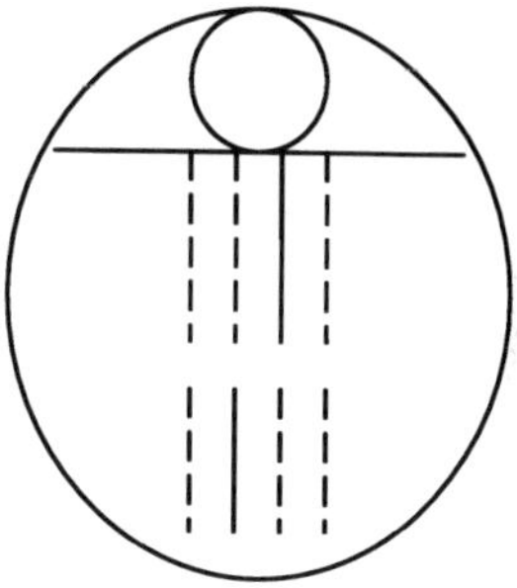

陰識：◎眼前的選擇，與遙遠祖先累積下來的本性，仍然是連通的。一個不被在乎的微小事件，仍然與歷史大事的軌跡，產生直接因果，從而時義顯現。此必然？其實不必然。這種聯通關係，在眼前極小的選擇之下，已經倚等價關係，自我運作了連通。◎對下一時刻的微小事件，作出選擇之時，任何預期與捨棄的虛逝狀態，與過去所有虛逝狀態，漸行而合，逐漸併入他人他事，乃至整個物種與一切等價存在的意識當中。微小事件的虛逝，被廣大虛逝所箝，則反面的選擇事件也因而連貫下來，箝制於因果聯通之下，廣大虛逝為其本因。是故所遭遇之連續的因果事件，本不必然，被一系列選擇的虛逝所箝制，才會被意識定義為必然的過程，才會定義出不易的法則。所以不易也是來自於變易。

— -:- -:- -:- — -:- -:- — — 亨樑卦

亨樑。陰陽降，亦返亨，哲以亨義，識俱大貞。

象曰：亨棌，大亨之制也，所冪互似，可以兼通，攸往而俱，用涉大行。
象曰：上蒙下節，亨棌。學者以深制於大行。
上九，政亨棌，中大通。
象曰：以其證而政，亨棌顯矣，中而大通。
六八，節事類，亨。
象曰：亨棌制作，物雖異而理本同。
六七，冪棌之效，無咎。
象曰：陰陽既存，固識，無咎。
六六，蒙行，易通。
象曰：雖不麗，蒙行而易通，陰陽同作也。
九五，善引，貞吉。
象曰：善引亨義，利所攸往，貞吉。
六四，失亨棌，後阻厄。
象曰：初雖可通，未能義返，後變而必有阻厄矣。
六三，亨所返，毋恤。
象曰：易允異則也，雖勞而不可阻，毋恤。
九二，俱兼亨棌，利涉大川。
象曰：其得以正制，慧通也，利涉大川。

初九，冪無既制，利艱貞。

象曰：易沒深也，冪無既制，亨樑而育則，型變易通，利艱貞。

陽辨：◎亨樑，各連冪法則之間的往返互通性質。變易體的連冪支架，具有法則相互往返互通之性。即以法則制情境，與以情境制法則，兩種邏輯所產生出來的模式，皆可以通，且之間具有類似，可代換曚明之狀。

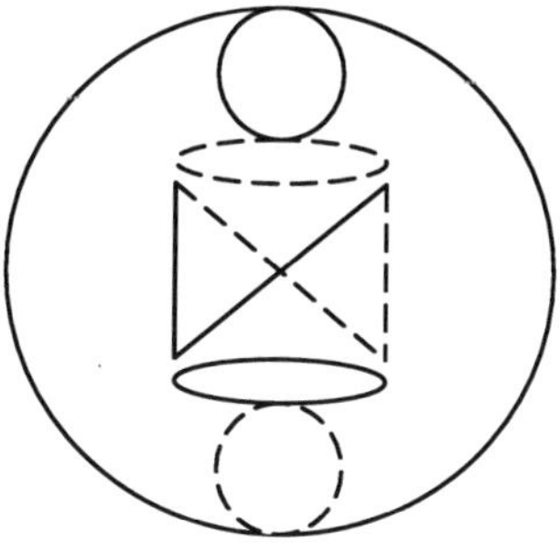

陰識：◎倚分樞卦，至理降而乾坤陰陽，為變易連冪之始構者，邏輯的極限只能在此之下運行。而降冪往返，亨樑互似，皆可通行於情境實踐，故陰陽之則，必深冪於維沉所沒義之上。故玨憲之非固，推背曚明之可成。最深邃的大制，莫過於陰陽致道而擬，兼連冪往返之用，此近變易而大亨之制也。

⚊⚋⚋⚋⚊⚋⚊⚊⚋ 沁勸卦

沁勸。有沒有運，受所沁，利悠遠。

象曰：沁勸，等價複附，原力以沁，始我主，後受制，勸之可維，於其沁矣。

象曰：上蒙下井，沁勸。智者以達宏遠之志。

上九，反原力，遇沁。

象曰：以其塑成，而終求沒之，反原力，遇沁也。

六八，複附作，慎恤。

象曰：非有主次，實自引其參，慎恤。

六七，沁勸著往，有伏型。

象曰：雖鑑機而未涉，有伏型，以自明。

六六，衡沁勸，貞吉。

象曰：真衡之，引致維新，兼所遠近，貞吉。

九五，沁勸制宏，利涉大川。

象曰：沁勸制宏，原力滲作，必大能也。

六四，待其遇，利貞。

象曰：待其遇，有臻鑑矣。

九三，蒙攸，凶。

象曰：沁勦僵固，非可為新，凶。
九二，井不格義，終厄。
象曰：其短淺矣，後無功，終厄。
初六，悔型，不利攸往。
象曰：雖易所沁，勦未可宏規，不利攸往。

陽辨：◎沁勦，從原力的運行，滲沁型態格局。任何演變，都有汲取原力之作，替換舊有的態勢。然而其汲取的廣度，與運行的深度，決定了此型態演變的格局大小，以及可掌握契機的能力。型態體的綜合力量，由此而有高下。故曰：「沁勦制宏」。

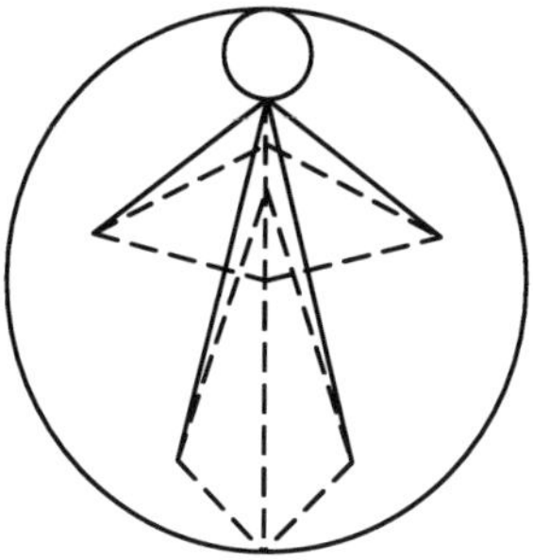

陰識：◎在等價之下，型態體運作原力，原力也會滲沁汲取它的型態體。汲取的廣度，關係短近力量之強弱，運行的深度，決定悠遠後勁的大小。◎新格局的形成，必定從最基本的原力作起，而速沁動之行。外在的環境氛圍，只是提供展現的契機，顯其長或顯其短，而並不是決定成敗的必然因素。

— -·- -·- -·- — -·- — — — 拘埒卦

拘埒。動健可拘，埒有其吻，利艱貞。

彖曰：拘埒，動健之埒，靜受制，可勢強矣，而拘其落間塑體，必有反矣，不利涉大川。

象曰：上蒙下需，拘埒。智者異行之類略。

上九，不內制，往吝。

象曰：行具相埒，不內制也，往吝。

六八，拘埒勢制，亨。

象曰：自規以進，和所存域，勢可成制也，亨。

六七，異有略圖，無咎。

象曰：動健進埒，雖遇異之略圖，其不成，無咎。

六六，拘埒廣涉，元亨利貞。

象曰：用健大倚，拘埒廣涉，易進元亨，行利貞。

九五，拘埒落體，利艱貞。

象曰：動健相形相埒，必可取拘，其利艱貞。

六四，蒙靜，凶。

象曰：未有開化，是靜不勢，凶。
九三，需險之拘，利攸往。
象曰：其拘，動健不陷，利攸往。
九二，靜取間，元亨。
象曰：以有大拘，可以逆克也，元亨。
初九，健有吻，吉。
象曰：制行之健相近，有吻矣，吉。

陽辨：◎拘埒，規與行的動態相均隨。兩系統無時制演變內外之相關，則必定要在其空間規制，與隨行運作的規制，都有動態相埒的情況下，動健的優勢才能發揮出來。◎倘若兩者發生一定程度落差被掌握到，則靜態的東西，可以從此動態的落差當中，反用動健制約，而以靜制動佔有優勢。故曰：「拘埒落體」。

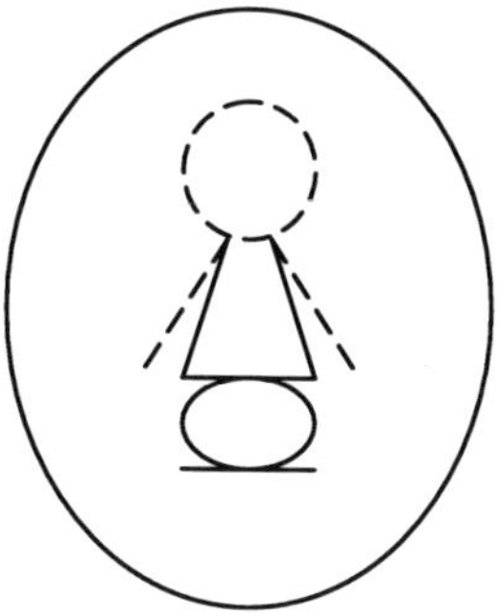

陰識：◎空中對地面的優勢，只在於對地面的規制區分，與自身動態，兩者拘埒相當，才顯現出來的，倘若在兩者的落差之間，介入地面靜態可產生的變化態勢，則這種優勢就不成立。◎若一定範圍的空間，作出動態切割，即空間區分隨時制改變，而在此空間中運行之客體，其隨之移動的動態，同樣佔有主動運行性，則此空間與客體，是動態變化更上一層的，「絕對動健吻合體」，外界相似的客體即使佔有優勢，也無法在此空間內壓制之。

⚊⚋⚋⚋⚊⚊⚋⚋⚋　領錮卦

領錮。反兩儀，錮我作，降我其亦自降，終吝。

象曰：領錮，生咸有隱，互錮以制，何可攸往？其降兩儀自有上制，

象曰：上損下萃，領錮。學者以隱自健，不服權制。

上九，生慼幽閉。

象曰：生慼幽閉，領錮有倚。

六八，反儀之箝，貞固。

象曰：其降構受反，情境箝也，貞固。

六七，萃受，吝，終厄。

象曰：自固不解也，為吝矣，終厄。

六六，序領錮，無咎。

象曰：本有所圖，無咎。

九五，損作，終吝。

象曰：自失動健，何可偽也？終吝。

九四，領變，貞凶。

象曰：有易，領變而實不自解，貞凶。

六三，塑機元，利攸往。

象曰：領錮有序，機元可塑，利攸往。

六二，領錮降始，萃脆。

象曰：行雖在，萃脆，降始而失健也。

初六，反制所儀，攸變，慎恤。

象曰：攸變，伺鑑所用，故慎所恤。

陽辨：◎領錮，陰陽矛盾相衝的變式，產生相對的禁錮與建制。若兩相矛盾情境同時發生於一生物體系中，此體系動態的運行結構，相對於其他體系，必定陷入受建制而無自主，受禁錮而無動健之狀，而啟承乾綱原始。故曰：「領錮降始」。

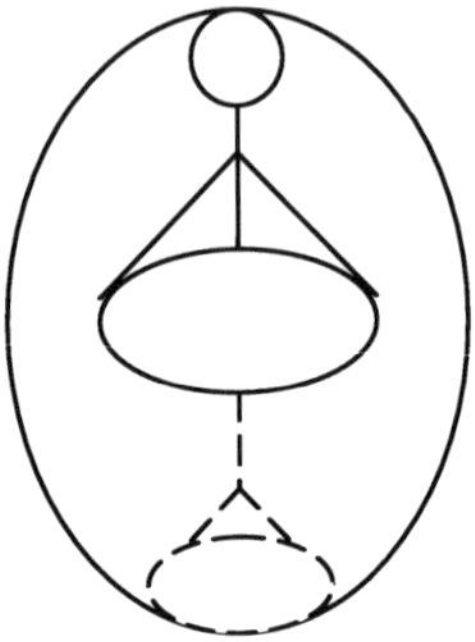

陰識：◎「百無一用是書生」，「萬般皆下品唯有讀書高」，在近代華夏知識份子，同時夾在此矛盾情境之中，只能被權力結構所支配，替權力服務，而沒有知識本身的動健演變之力。◎生物組織之間的操控，也建立同樣的「領錮降始」，何種組織為主控者，何種組織為被控者，必有所領錮，才可以形成複雜的有機生命，但是當中的主控與被控結構，不見得合適於所有生化狀態下的生存。◎倚兌卦，理解與感知，本身就潛藏幽閉象。激活此幽閉，而相對其他感知體系，必被建制所用與禁錮所抑。而感知本身，為陰陽兩儀所降，只要在運行的脈絡上面，出現情境對立面，即情境體反兩儀狀態，則會產生相對的自固。相對於其他的動健脈絡，則為被動受制之固矣。排除的問題在於反結構，即同樣用反兩儀，制約正向結構之運行，而在相對之中解放出來。所以生物可以在自擇當中，有些微的層次，去脫離「乾綱原始」的引力，但卻無法整體都擺脫它。

璃格卦

璃格。至往，元亨，利涉大川，吉運悠遠。

象曰：璃格，生之大智，後體顯格，璃以感，新物之則可行，大利悠遠。

象曰：上損下隨，璃格。學者以物聚神。

上九，連冪厚質。

象曰：連冪厚質，璃格展延，新則以存。

六八，逆攸維沉，大得。

象曰：其璃格續往，大有得。

六七，慣質，不利遠。

象曰：以其存而自限，止義體矣，不利遠矣。

六六，引致璃格。

象曰：取息後體而神聚也。

九五，後體璃格，貞吉。

象曰：後體璃格，所育精神，以形運，貞吉。

九四，習後之往，無咎。

象曰：近於璃格，雖未必制，無咎。

六三，隨息習，吝。

象曰：隨息習而所格不展，吝道也。

六二，習損，不得，終凶。
象曰：隨息之損，失璃格矣，必不得，終凶。
初九，動悅，利立。
象曰：璃格珍義，動悅以基，利其立也。

陽辨：◎璃格，後體精神架構。任何意識體所要的高格局目標，只是變易體的狹小分度，變易體連冪，其法則運行，在沒有架構之下，絕大多數都展開無精神的慣性與自擇的聯次而已。◎意識體基於演化歷程，所感受的也都是常習顯現的慣性，所認定的物質；即被生存意識，觀察到的慣性層次而已。次易對物質的定義，並不僅於常習所觀者。

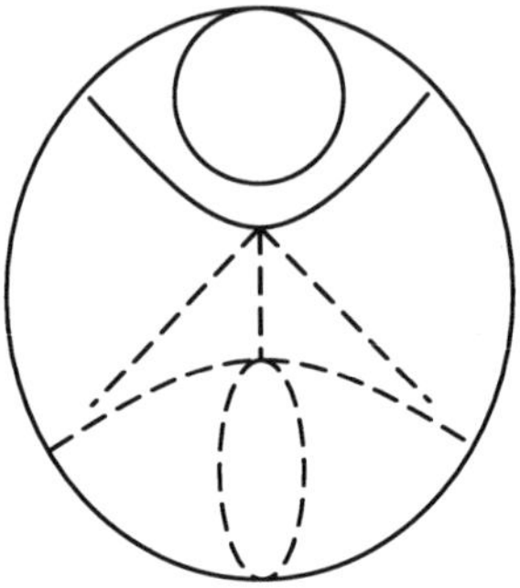

陰識：◎感受的物質現象，是因慣性而展現，那麼意識體所感受的精神層級，實際上也可以是實物，只是在變易體連冪，維沉而沒，而受制於生存限制，演化所積之格，即使偶有

精神體之感觸，亦無從引之顯則。◎次易對變易體降冪，所生的物質連冪法則，定義域比一切感官觀察，還要廣泛得多。倘若意識體在生存需求滿足之後，不放習於常態物質慣性，而聚感知於，所質慣性之後的歸涉，則隱藏於慣性物質體後的，精神物質體，必以展現，謂之「後體璃格」。

— -:- -:- -:- — — -:- — -:-　熾期卦

熾期。返始銜亨，降可宏規，利艱貞。

彖曰：熾期，文明返期，大有鉅作也，始因因熾，慎所規遠，有得，利涉大川。

象曰：上損下困，熾期。智者以大圖文化。

上九，熾期躍然，元亨利貞。

象曰：乾始遠影也，大往攸，不溺舊義，元亨利貞。

六八，義文無固，無咎。

象曰：人識無貞，故無固也，行忝無咎。

六七，熾期返攸。

象曰：返攸新象，是易降也。

六六，虛無固，容始運。

象曰：文，虛矣，無固之象，始運可熾期也。

九五，損有返，利涉大川。

象曰：雖損，有以返始，能可上制，利涉大川。
九四，銜亨大制，利艱貞。
象曰：銜亨大制，熾期大能也，雖有損困，利艱貞之得。
六三，依然釋文，衰有期。
象曰：依然釋文，際遇始因矣，衰必有期也。
九二，始熾，錮衰，不利悠遠。
象曰：有所針對，
初六，文明困衰，終戹。
象曰：困而失熾期，行所命途，漸狹以衰，終戹。

陽辨：◎熾期，返期更原始因子之同象熾作。符號虛擬意義，可以反象更期，更原始因子而演變，即以更原始的行為意識，而導入符號虛擬意義運行，與其文化功能的運作，從而改變整個文化與意識之間的運行關係。

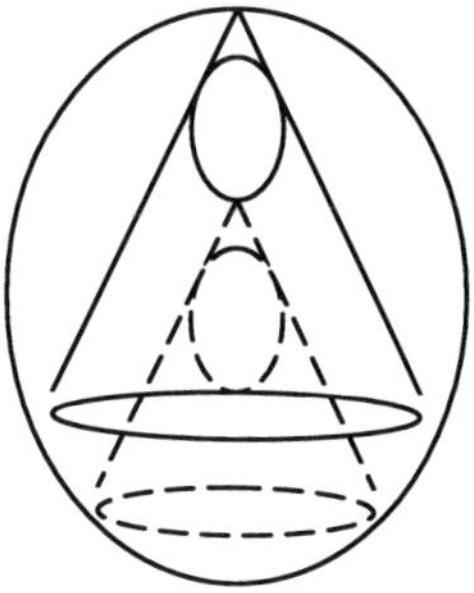

陰識：◎倚變卦，虛擬意義功能限制及壽限，與產生文化衰變的機會大小，在於運用符號意識之上，更原始意識之運作動向。所以一虛擬意義，功能有先天的能力期限。若熾期於更原始因子的出發，則其壽限必定更延長，而文化功能延展性必定更強勢。◎降幕下，任何的意義，都有更上層的中性本質，例如：起心動念，去產生語言結構，則前者對後者而言，是中性的原始意義，可以變成其他的語言結構或型態，來表示相同的起心動念。故重新擬定虛擬意義，而產生變易之規期，與原始意識的連通，則此虛擬意義從文明時義之限，入期於物種時義之變，其穩固與壽限自然不是同一個層次而論，熾期所可規制者，其義大矣。

徼文卦

徼文。文源徼際，取元大亨，利涉大川。

象曰：徽文，應有大涉，取元而深制，其誌攸往，終降元有得，其悠遠大利也。
象曰：上損下咸，徽文。學者以漸易哲學。
上九，等價源治。
象曰：其映應也，雖有疏，其源不失矣。
六八，徽升元降，大倚。
象曰：大倚之作，始可熾期，往可功也。
六七，損於後勢，終吝。
象曰：溺於文固，無徽之健，雖盛而後世有吝。
六六，徽文弦制，利涉大川。
象曰：深義取元也，利涉大川。
九五，咸銜始文，貞吉。
象曰：咸銜始文，徽文合御，聖行以亨，貞吉。
九四，徽升始文，利攸往。
象曰：可鑑也，隱勤有得，利攸往。
九三，徽文見棄，厄。
象曰：不恤所恥，固識，棄所大機，吝矣，厄。
六二，徽文上次，艱以攸。
象曰：有外抑也，故涉艱而攸難。

初六，升識返轉，降所大基。

象曰：升識取果，返轉為啟，降之大基也。

陽辨：◎徼文，乾坤，原始與降冪中，文型的邊際對應論。文或數等符號型態，及其運行規則，在整個文化意識的變易來說，是降冪而最終無依固之態。倘若失去文型數制原始出發點的精神架構，溺於其延伸意義，則必不能得到文化乾綱運行之大義。降冪所困，原始升岔固亨不演。

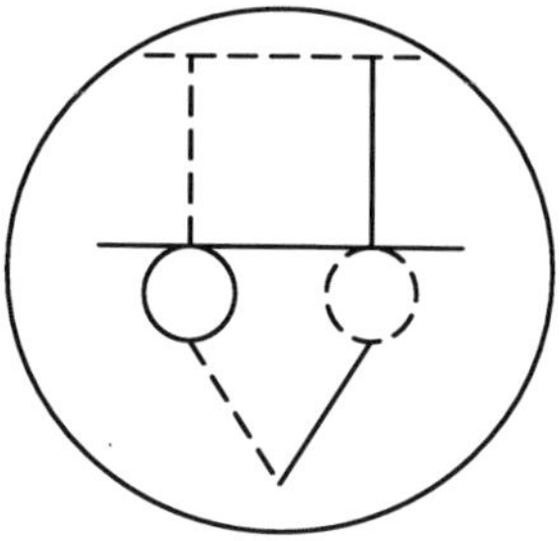

陰識：◎在降冪大體下，道先無窮，「無一」而易，假若要改變符號規則，符號型態與規則的本身，必定是最後一步成型的。是故徼文之易，必先有文化意識，與所有原始行為意識相通，而同入於總綱法則結論，降於學門結論，而最終變制所文運行規則後，才是徼文型態。◎在徼文之際，忖階等同對應的高階變易法則，其上的原始形態，必有對應更原始意識，或為隱藏，而可行始文之態者。

— -·- -·- -·- — — — -·- — 洊格卦

洊格。思所曲，再交而輯，大利攸往。

象曰：洊格，高冪流制，拾本弘義，具以再體，引降也，再新數制，變健而深之御，利艱貞。

象曰：上損下革，洊格。嚴者以廣深流義，而新數制。

上九，深流制。

象曰：是受降，不可具引也。

六八，近洊格。

象曰：引降而終有返，可以曲變。

六七，擬降格，取先，亨。

象曰：涉易之大制也，取先而利洊，雖有曲變而可貞，亨。

六六，廣深設，利艱貞。

象曰：雖不速疾，勤恤大洊，格域而終可致，利艱貞。

九五，洊格弘局，大利攸往。

象曰：曲高也，雖鮮和，洊再不棄，弘局而設，大利攸往。

九四，具下流變，吉。

象曰：有其擬引，高冪有逕，吉。
九三，損體之攸，可利，終厄。
象曰：涉淺矣，雖可具下而利，不堪大也，終厄。
六二，洊格深證。
象曰：深證之據，洊格以行，其必作也。
初九，革思數制，元亨，利涉大川。
象曰：引據深證，終可革思以新數制，故利涉大川。

陽辨：◎洊格，具象降化，以展格局。倚維沉卦，高冪之維，隱沒於無與無窮的重儀相映之中，而不可得。然而此易卻形成思維的具體定義。是故必存在一種降冪的變化格局，可以被思維的曲變之中所具象，或稱為被思維曲變所交集。◎相對於實數系的各種四則運算或方程式，流數更接近於真正的實體。所以流數的觀念並不是工具。原因是人的思維洞見，本於自己定義的「實用」以滿足欲求目標，才將這種觀念當作工具，太過淺窄而失根本的價值。實際上是延展格局的根本要素，是具體的思維中，所交集的洊格方程之一。故曰：「洊格弘局」。

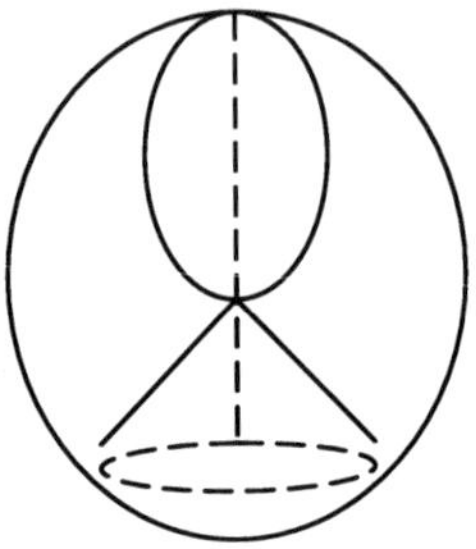

陰識：◎洊格流數，只是在降冪體系下，自擇活動格局，雖然影響著整體事態的走向，卻不是演變的動健來源。倚次乾卦，動健在於可變，在寒陌無窮之徑中，可變本身的慣性。追溯萬物的原始本質的意義，求所乾綱大健，以設涉於洊格的高冪格局中。其於屬著之義大矣。

悄彩卦

悄彩。知性未知，悄隱有彩，其健可以蒙矣。

象曰：悄彩，知本攝離之悅，悄亦之，外有大形內亦必有大涵，界外等涵界內，動彩取訊而返取，其用利貞。

象曰：上損下大過，悄彩。智者自探隱涵。

上九，悄彩大涵，利涉大川。

象曰：自有，然非知序也，慧可通引，利涉大川。

六八，悄彩未探，終不得。

象曰：不恤而未探，昧矣，終不得。

六七，悄彩活隱，利攸往。

象曰：雖未彰，其蓄體，利攸往。

六六，悄彩恤吝。

象曰：未取正證，恤不得，吝矣。

九五，悄彩勤取，利艱貞。

象曰：似不容於事，而實有大蘊，利艱貞。

九四，隱蝕，愚，終厄。

象曰：隱蝕其悄，必愚固也。

九三，損悄之吝。

象曰：其損不慼慼，終有吝矣。

九二，大過悄發，元亨利貞。

象曰：悄發蓄健，彩異大過矣，元亨利貞。

初六，悄彩厚藏，大利悠遠。

象曰：雖潛隱，厚藏而待發，大利悠遠。

陽辨：◎悄彩，隱藏知性。知識本身可以無窮重組，用各種不同的面貌出現，而認知本身，是情境體反攝忖階，也有彰顯與潛伏，是故可以組成自己的知識，但自己卻可能還不知道。

或該運用的時刻，卻拿不出來。

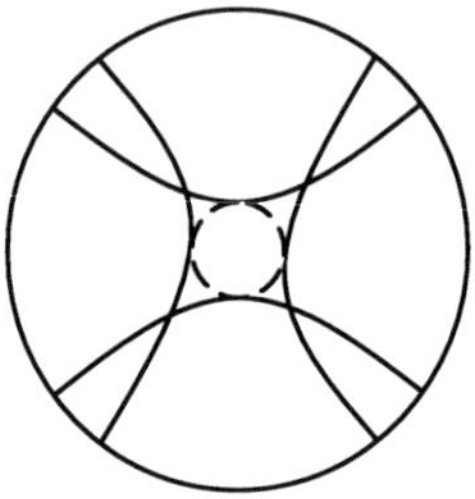

陰識：◎隱藏知性，是自我辨識的活體，或許在夢境當中的不經意組合，可以彌補醒神時，思索的迷惑，而等待醒神之後去辨識它。

⚋⚋⚋⚊⚊⚊　爨罡卦

爨罡。有擾常，涉形艱，貞而固往，元亨。

象曰：爨罡，越升岔之初，雖非可極，非必達至順，取近大易，而有人外之識，元吉。

象曰：上損下夬，爨罡。智者以求及易作。

上九，同爨名極。

象曰：名極，臻取其罡，智之極往。

六八，爨罡同存，元亨。

象曰：同存而越返逆，可速迎也，元亨。
六七，損常習，利艱貞。
象曰：有以擾，涉艱之損，利貞大行。
六六，無辨饋，利貞。
象曰：無辨饋，夒罡作倚，近易，利貞。
九五，夒同釋界，吝。
象曰：極中取往，未近功也，往吝。
九四，夬有同夒，吝不恤。
象曰：終可悠遠，雖吝不恤也。
九三，複健過越，貞吉。
象曰：升岔之阻，複健過越，夒罡以得，貞吉。
九二，緩綱之健，有阻，遠得。
象曰：夒罡有複，健行之綱緩未及時，雖有阻，中道遠得也。
初九，夒罡引援，期有能，大利悠遠。
象曰：其引援，健所亨，必可大期。
陽辨：◎夒罡，同夒存，共作於無名的辨名本身。◎異與同的辨識，就算因汲繆而最終生誤，仍然在可反饋的釋界之內，區別而已，但是辨識的極限，卻包羅釋界內外。求適需反饋，與不求適可以不反饋，同爨而辨識。複合反饋的辨知架構，與可不反饋的界外架構。

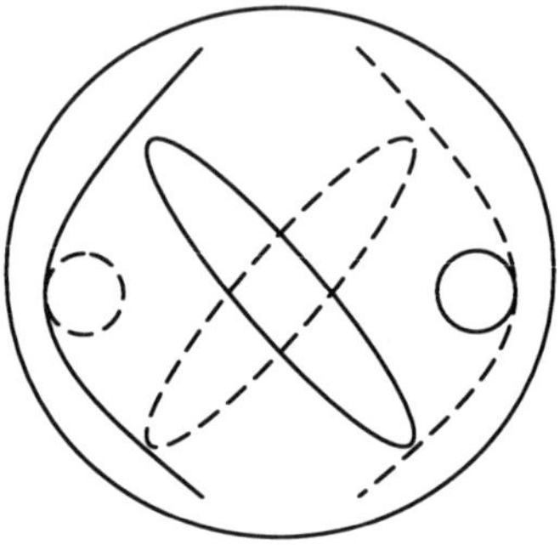

陰識：◎看一張圖，兩種意識，交叉辨別，就會因其交叉相擾，而產生各種不同的意境，而把思想深入化。圖的類別異同、組成方式、產生的因果、表達內容、及所有層次的一切連結。所有與圖不相干的牽涉、不相干卻與之相處同一時空的環節、無法辨識圖的存在意義、根本就沒有圖的辨識。◎爨罡在理論上可以繼續架構上去，達到臨近變易體，然而在智能範圍的限制之下，沒有辦法對更深入的中性訊息辨別下去。然在忖階之返逆之中，此意識跨越升岔，求紊憲之聚。

—╌╌—╌╌—╌—　均逕卦

均逕。高冪之等，運逕以均，後佈。

象曰：均逕，其逕索行，涉境之分，以有後佈而據辨，圖而不得，不利貞。
象曰：上止下賁，均逕。仁者以返辨公允之義。
上九，均逕索鎖，貞固。
象曰：索鎖混體以型，存以貞固。
六八，均逕遵易，利攸往。
象曰：其索行以返，利攸往。
六七，入情逕分，惘。
象曰：遠等價矣，有惘。
九六，先存義等，可蒞，元亨。
象曰：雖逕分，先取所存而義，可蒞易也，元亨。
六五，均逕之垂，利涉大川。
象曰：入於下，體於義，雖鄙賤，亦利涉大川。
六四，後遽之惘，厄。
象曰：行入情，雖先等而後必分，後遽之惘矣，厄。
九三，意艱，漸失真，不得。
象曰：逕分而漸失真矣，故不得也。
六二，賁均引，利艱貞。
象曰：志之於下，以求行大公，利艱貞。

初九，均逕易制，貞吉。

象曰：有真辨，引以顯明，大利攸遠，貞吉。

陽辨：◎均逕，高冪的等價索行。任何情境體之間的等價意義，先於存在意義的均等索行，其為運行中的契機變式，而不是情境意識的需求。所想要的等價情境價值，只是很片段的境域，在變易下極鮮少得能夠分歧得到。

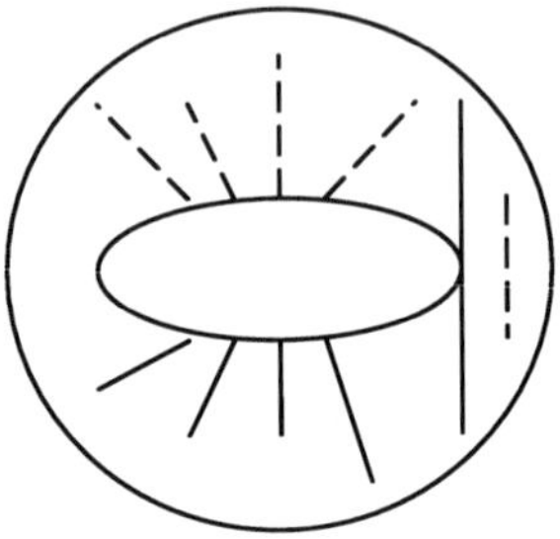

陰識：◎等價觀察者，對於型態之間的高低、好壞、善惡、貴賤，當判別超過於其存在形體的變化意義時，相互都是等價的，只有在本身型態的需求判別式，才會投入其個體優劣等等，相較之意義。故行上與行下，若一定要做出分別，那麼其最合理的分界，在於等價索行的與否。

交敕卦

交敕。情境距義，交始以敕互末。

彖曰：交敕，雖有取近受近，實無名以相對等形，交敕取始引發，末有激變，不利悠遠。

象曰：上賁下晉，交敕。學者以相對取近引變。

上九，交敕等價。

象曰：無施受，其敕等形。

六八：始敕覆末。

象曰：激其始，覆其末，無窮引取。

六七，交敕毋抗，慎恤。

象曰：末行變，慎恤而不可悔也。

九六，易降處，始敕，易變大爻也。

象曰：其高制，易處矣，以始敕，始末相衡，必有變矣。

六五，賁變，征凶。

象曰：始敕，賁變而不可復，征凶。

九四，敕滅，終有傾。

象曰：觸始而敕滅，其慣也，終有傾。

六三，感始，往吝，有厄。

象曰：小人始變，順處不敬，有厄。

六二，末等作，元吉。
象曰：過取交敕之網，雖鮮，可制置也。
初六，敕晉制置，元吉大踐，大利攸往。
象曰：晉之極亟，雖艱難達，取置，元吉大踐，以新生矣。
陽辨：◎交敕，情境體受降，而有始末意義之相衝。兩定義體之間，必有共通的原始因素，若兩定義體相互衝突，兩者必求原始因素運作，改變接近體末態。故交敕而始作激化。

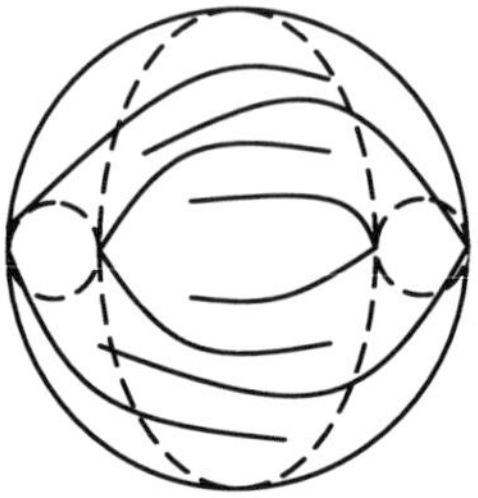

陰識：◎無論從時間還是從空間，運行情境交敕，越接近一定義體，則有越高的機會，與定義體越原始的因素交錯，從而使兩定義體，都產生激變的可能。線性機率的概念，即是從交敕的變化法則中，衍生而成的情境思維，而並非有所變易本據。◎原始情境變化同樣沒有本據，則雖然機會非常低，後態也必有可能與原始的型態，交錯同作，影響一層次的原始因素，從而引導出一種自擇演化的方向，即環境也有一定的力量，透過間接方式，緩慢地塑造演化方向。

醒刑卦

醒刑。交敕通作，以始醒刑，刑其形義之亡也。

象曰：醒刑，始之敕，以劃醒刑，無窮另擇而生義歸無，所刑而亡，無咎。

象曰：上賁下噬嗑，醒刑。智者以易降義死。

上九，易降用始。

象曰：其以應乾，而降敕與存。

六八，無取無窮。

象曰：無取無窮，其以蘊生也。

六七，賁義，不利悠遠。

象曰：涉始升岔而有限，雖有生義，不利悠遠。

九六，無窮具無。

象曰：其以啟亡也。

六五，深義升始，利涉大川。

象曰：醒刑緩矣，其存，利涉大川。

九四，必刑，取然。

象曰：既大易無一，必刑也。

六三，噬嗑辨刑，有亡。
象曰：其以乾綱始敕，刑而有亡。
六二，突變醒刑，貞凶。
象曰：外引取始而激作，貞凶。
初九，漸變醒刑，無咎。
象曰：始必緩引，其必然也，促所亡曆，無咎。

陽辨：◎醒刑，變易降取情境變化，形交敕卦之易，激化體系自身的原始因素，就可以使其毀滅掉。變易降幕中，型態無窮取象，只要迴返激化自身的原始因素，到一定程度的動健能力，必然重新引態，使本身型態滅亡。

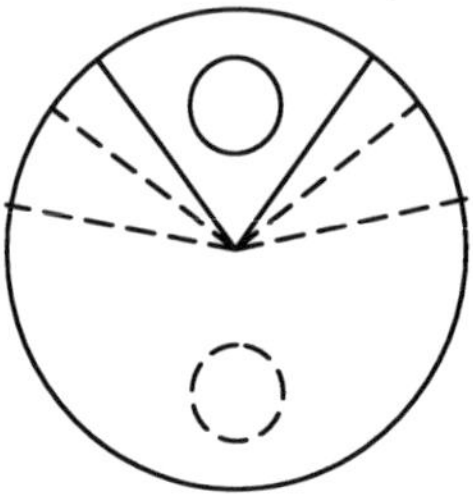

陰識：◎定義自身存在的範圍，必涉入一定程度的原始因子。然超過程度的原始因子醒作而激化改變，必倚重新改變存在態勢。任何的存在態勢在無窮的存在中，都是可以容許者，不恤定義體必然要存在。所以無窮啟動了死亡。◎超過存在定義範圍，程度越深入的原始醒刑，則情境的潛伏越短促，即突變醒刑。越接近定義範圍的，則潛伏較長久，即漸變醒刑。其與滅亡之義深矣。◎以另一種語言而論，若無，引用無窮，運行了誕生。無窮就啟動了死亡，讓物體歸無。於屬著猜亡之義大矣。

— - : - - : - — - : - — - : - — - : - 合素卦

合素。後濟之擾，辨者未可區矣。

象曰：合素，鑿準失據，同義而形異擾，合素而辨位未貞居，終有吝。

象曰：上賁下未濟，合素。智者以新素塑辨。

上九，汔位亨。

象曰：辨雖行，以假代矣。

六八，等組副織，利艱貞。

象曰：疏習亦自攸往，利艱貞。

六七，合素規擾，中謎。

象曰：所規不真據，中謎。

九六，同義鑿錯，無咎。

象曰：辨位雖歧，行於自取，無咎。

六五，合素納異，始得，終吝。

象曰：似可包容，實納異自擾，不利悠遠，終吝。
九四，遠易合素，終溺。
象曰：其辨識迷誤，終有溺，不利攸往。
六三，賁假毋恤。
象曰：賁假，終不可得矣，毋恤。
九二，未辨異，終凶。
象曰：納以同，未辨異組，合素後擾，終凶。
初六，未濟之艱，利攸往。
象曰：本於合素所擾，是慎辨矣，利攸往。

陽辨：◎合素，同義產生本素運行的擾動。倚同義卦，時空因兩儀互作而有同義，為取象者的情境體制。然而同義體之辨識，取象者並不能夠在虛沌大體下，將之絕對的區分開來，必然有「不同」與「同」，的合素相擾，時間與空間的辨識，就是最典型的合素。如此則對認知的系統而言，相互會有不必要的關攸與牽扯，無法將之釐清，必成弔詭或迷誤的狀態。

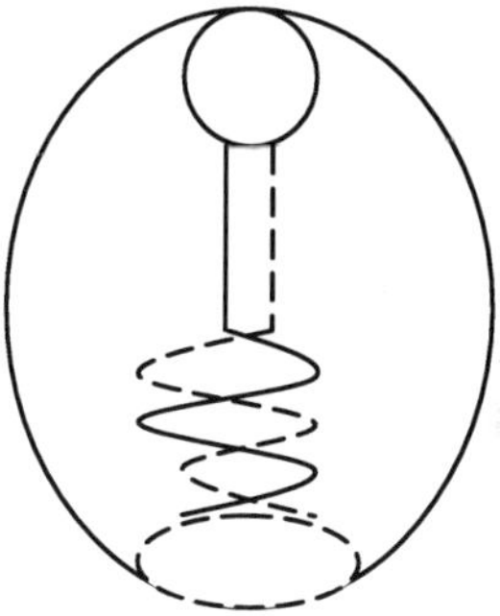

陰識：◎比記憶流程，同樣單位的排列組合，記憶位置，第一項次的記憶排列，擾動了後一項次的記憶排列。至少在我們的神經細胞，組合的能力中，空間與時間，根本上是同素掌握的。◎在本素的擾動之中，任何的專習都沒有先據，對某一專習陌生者，也有等價自我組構，衍伸此專習的能力。故對勤恤者而言，取認知最難，從知識衍伸的專習項目容易。

— -:- -:- — -:- — -:- — — 彍勢卦

彍勢。擇以新，徨儀隨至，慣隨範擇，終吝。

象曰：彍勢，慣範其之，有自遺，其勢之分，擇以新構取原，非可貞固矣。

象曰：上賁下睽，彍勢。學者不憑智致其勢。

上九，彍勢弦易，元亨。

象曰：弦易而可健強，元亨。

六八，彉勢汲原，貞吉。
象曰：汲原而健，大利攸往，貞吉。
六七，徨儀辨轉，翰不克。
象曰：其態相駢，故翰不克矣。
九六，彉勢湮滅，往吝。
象曰：雖新衍勢，終必失也，往吝。
六五，勢與疇，形毋棄。
象曰：其比隨與，故形毋棄矣。
九四，賁勢，終厄。
象曰：賁勢雖實，終不可久，故厄。
六三，墮往構，凶
象曰：中有惘然，勢必有傾，凶。
九二，睽擇乖異，無咎。
象曰：自擇新異，雖有鄙抑，睽擇無咎。
初九，啟易新慣，利艱貞。
象曰：啟易雖演新，慣以隨至，利艱貞，慎所恤矣。

陽辨：◎彉勢，影易六十四卦之一，慣性膨脹。倚徨儀卦，在兩儀映作自擇與慣性之下，自擇擺脫慣性的範疇，慣性必然隨之取制，逐漸在自擇的軌跡中，建立新範疇。從而新的自擇即使產生優勢，也會逐漸自我湮滅。故曰：「彍勢湮滅」。

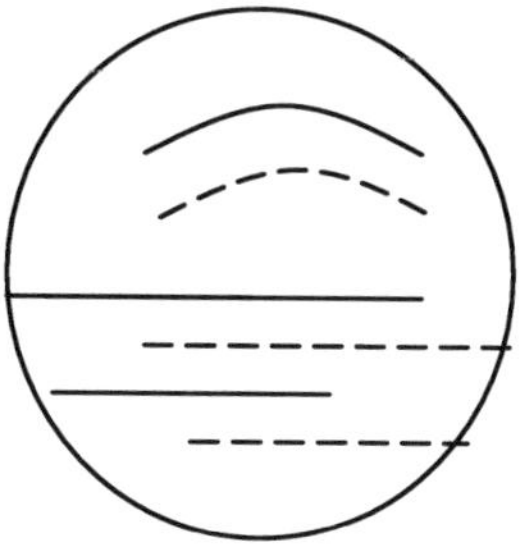

陰識：◎基於同一個原始形態，所延伸的不同自擇型態，仍有不同的湮滅時限，而若是一種結構完善的自擇型態，即更深入建置虛沌的關連變化，即使湮滅而至，亦不致立刻傾覆瓦解，僅優勢損敗耳。◎智能強勢的原因，在於擺脫一部分慣性，運用自擇之動健，形成新態，產生廣泛的原力因素，形成更多的變化態勢。然而智能也僅是自擇的一種彍勢，非上研的唯一要素，亦必有彍勢湮滅而不會永久優勢，即智能本身，並不是可以持久的終端產物，只是自擇彍勢型態下，不成熟的半成品之一。◎故在情境彰顯的空間分析，沒有趨近無窮大義的智能，不會擴張到廣大的星系範圍。在情境潛伏的時間分析，沒有趨近於虛無的上研通慧，智能也就不會持續到，物種演變的時間尺度。

⚊⚋⚋⚊⚋⚊⚊⚋⚋ 上研卦

上研。等價元亨，上取攸往。

象曰：上研，上取而智研同攸，研易而非獨形，非智亦取，其不利獨涉，終有難。

象曰：上賁下旅，上研。智者以非人之恤行上。

上九，上研同亨。

象曰：其一恤而取，貞固。

六八，獨涉，終不得，凶。

象曰：獨涉而以智非智，不得矣，凶。

六七，脈延型變，不恤，亨。

象曰：皆脈延悠遠，型變易轉，其不恤之亨。

九六，上研同元。

象曰：其等價顯離也。

六五，虛於涉分，終失。

象曰：上研雖同，易終不一，所涉分，終失。

九四，取分，有疏。

象曰：其不同恤矣，本親而終有疏。

九三，旅喪於易，貞凶。

象曰：其形喪而終不聞也，貞凶。

六二，引不同涉，大利攸往。

象曰：異而同攸，本不爭恤，大利攸往。

初六，賁言，利攸往，吉。

象曰：上研之遠，以賁言，雖未真取，吉。

陰辨：◎上研，形上等價亨通。形上結構，不見得非得智能才能運行。智能只是在特定的時義之下，可以擺脫「部份慣性」的自擇型態。在降冪大體下，並沒有壟斷形上變易的特殊地位。◎無論型態複雜還是簡單，無論慣性層次多還是寡，對於自擇運行之物而言，變易所降予的動健是相同的，架構形上的能力是相等的。只是運行的態勢不一。

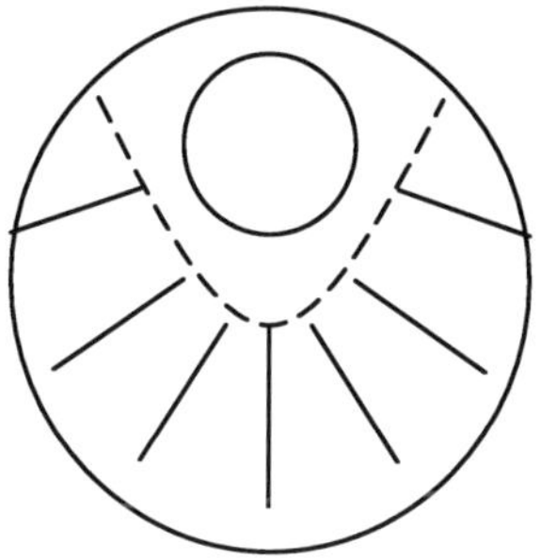

陽識：◎挑戰情境體的潛伏深度，即物種型態的持久性，並不是演化複雜的生物才辦得到，而大多數演化出來的型態，都已經滅絕。少數延續者仍然必須，持續不斷地變化下去，捨

棄舊有型態，才能夠延續。而至少人類產生的智能型態，恐怕保存演化史中「少數延續者」的地位，都辦不到。◎生命的生存與死亡，兩者相互的牽連，如同無窮與無，兩者之間的關攸。在變易降幕的關聯體中，無與無窮並不遙遠，而是存在於感知的本身，所以法則並不會在乎，生命感知所設定的合理規範。

— -:- -:- — -:- — — -:- —　模史卦

模史。後於性，治其境，其易以駕而序，元亨。

象曰：模史，情境有異，因果亨合，行有總覽之地，循史上構而模，大利悠遠。

象曰：上賁下離，模史。智者以究極史義。

上九，始性之以，貞厲。

象曰：始性而域遠，有可之以，貞厲。

六八，賁所份，慎固。

象曰：文明以彰，賁之所份也，慎固。

六七，覽賁，不利攸往。

象曰：失其真義，不利攸往。

九六，上構，吉。

象曰：上觀高遠，其釋可構，吉。

六五，總御識，元亨。

象曰：模史之覽，總御識，深明其義，元亨。
九四，存境之迷，吝。
象曰：所存分矣，不知其境之通，以迷，吝。
九三，愚麗，失爭，凶。
象曰：固陷其麗，亡取其實，失爭遺實矣，凶。
六二，模史深智，鮮其貞。
象曰：模史之作，貴深智也，人所寡矣，鮮其貞。
初九，高模覽史，利悠遠。
象曰：大識高模，以與覽史，取大得，利悠遠。

陽辨：◎模史，經驗累積之總覽層次。相互時空遙遠，而情境不同者，有勾制成因果狀態，必定存在一種總覽調控所有情境的，形成層架構。上銜物種時義，下御文明的各片面情境時態。

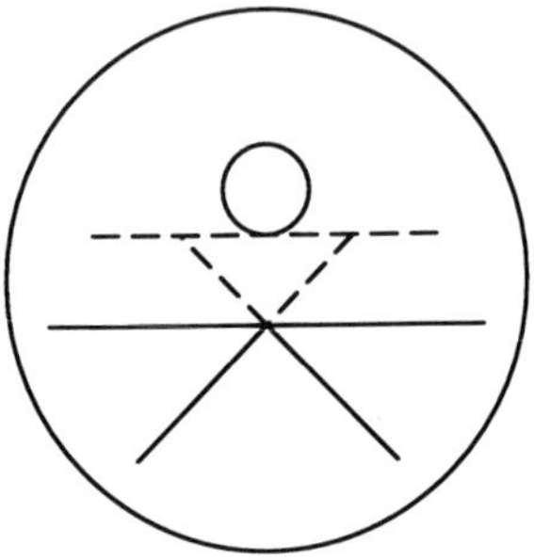

陰識：◎古人與今人生活的時空，各自的情境視角雖不同，然其存在意義既然因果連貫，那麼在共通的人性之外，還必有一總覽空間所產生的情境意義，反饋於物種之下的整體時義。◎共通的人性只是物種時義給的指示，乾綱原始惟因，但總覽架構的展開，在其之下尚有很大的改構空間。次易感知之行無窮而不懈，其所求於此。

—‐·‐‐·‐—‐·‐———‐·‐　邃網卦

邃網。時空攸往，相對互形而非實，新構，大利攸往。

象曰：邃網，時空深攸，以予虛實聚網，不棄其思而大聚，以新構也。

象曰：上賁下鼎，邃網。學者以塑新史觀。

上九，情核後形。

象曰：雖有顯，其非實矣。

六八，相形末映，往吝。
象曰：末映而可邃攸，不恤，往吝。
六七，單曲固象，終吝。
象曰：單曲而史，非整實之制，終吝。
九六，蛛結以網，貞固。
象曰：非其有好，以得深構也，貞固。
六五，邃網構面，貞吉。
象曰：其大進時義，文史以演，貞吉。
九四，史固鼎，利涉大川。
象曰：我以情，有深基也，利涉大川。
九三，邃網互結，大利攸往。
象曰：不恤虛實，以維思辨，邃網互結，後證大體，故大利攸往。
九二，賁文不進，厄。
象曰：其失邃網，而失深既，厄。
初六，構面之艱，無咎。
象曰：雖艱，可以勤恤，納取其思，無咎。

陽辨：◎邃網，時空深層結構，虛實相構聚網，歷史總構面新觀。倚情核卦，動靜態情境核心的根本，銜接於變易者，並沒有時空區別。而我們的情境體觀，卻以之相對分制，所以完整的時空結構，必然相互深邃引延，而成網狀，互取構面。故曰：「邃網構面」。

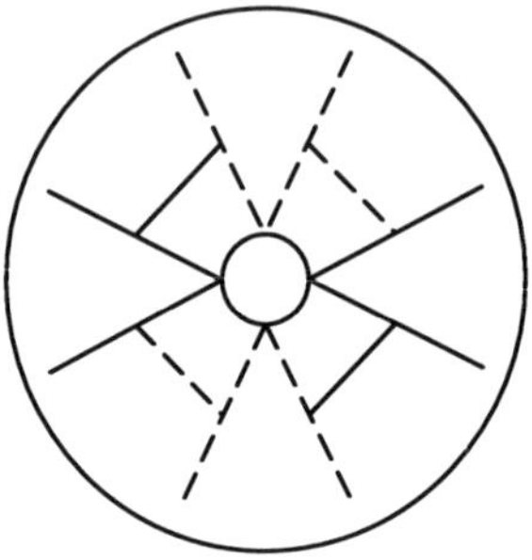

陰識：◎倚同義卦，在時空同義下，假若空間的眼瞻深邃眼光，在於時間的拓展。例如：對過去深入了解，有利於對未來的預測。但是這僅限於情境體中，單線的結構。時間的深邃眼光，不止於存在模式的推測，因為這只是感知自擇，當物質慣性相對遠離生命慣性時，這種預測就失去意義。是故真正的時空情境深層的理解，不僅限於現實發生的事態，預測模式聯通原始訊息，所延伸的一切虛實脈絡，都等價同存於邃網的意義當中。

延織卦

延織。內易之交，近位，啟易存作。

象曰：延織，末葉大啟，其位內易等價，繼以中興，而得正行，利貞。

象曰：上賁下大有，延織。智者以挽瀕亡。
上九，大存，貞固。
象曰：雖窮途，等價亦存，貞固
六八，啟易顯位，貞厲。
象曰：啟易所位雖顯，未必得行，貞厲。
六七，延織漸微。
象曰：大勢漸末，延織彌微，識不及，艱矣。
九六，大有易位，內亨。
象曰：其位在內，無失，故內亨。
六五，漸啟易，貞吉。
象曰：雖在動漸，啟易正作，貞吉。
九四，動易潛移，利貞。
象曰：潛移延織以有位，利貞。
九三，賁阻，貞凶。
象曰：美彰之作，剝剋功行，貞凶。
九二，繼脈，利艱貞。
象曰：繼微亡之脈，行易悠遠，利艱貞。
初九，延織用彰，不利攸往。

象曰：其易雖健，存於陰伏，延織用彰，不利攸往。

陰辨：◎延織，族系演變過程中，啟易最適作之時段。一種族系，不管表象是逐漸昌盛還是逐漸凋零，其大體自擇中，都會在最佳的啟易位置，以容改變當前的演變態勢。◎倚啟易卦，即使一族系逐漸走向滅絕，其內部變易的等價性，仍然存在。在大體衰竭走勢，而內部起伏脈動中，投入最佳啟易。就是改變大體走向衰亡的最關鍵位置。

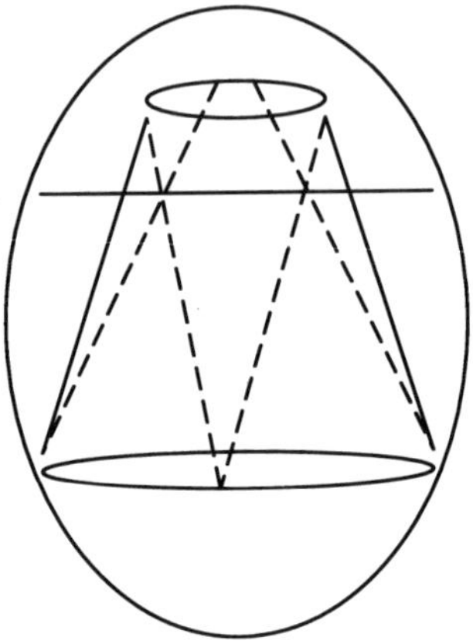

陽識：◎細查整個有化石記錄的物種演變史，在一時期很弱勢，似乎快要絕跡的物種，未必沒有翻身的機會，而其機會之得，多數取決於改變部分自身的自擇慣性，所以在生存資源與空間有限的天翦形式下，進入衰微的絕大多數物種，無法掌握住延織之易。◎老子所云「勝人者力自勝者強。」競爭強勝，可以短暫暴起，然而運勢氣數將終，其強勢已成過往，甚至不如以往弱勢者。能在自擇制定的尺度下突破慣性，自主掌握啟易，即是入得延織之易。

—
-.-
-.-
—
—
-.-
-.-
-.-
-.-

劬折卦

劬折。涉其廣，抵折變，利艱貞。

彖曰：劬折，執一而始末，劬勤求宏，不懈而折倚悠遠，利涉大川。

象曰：上蠱下觀，劬折。嚴者宏遠涉近以行事。

上九，高中不恤，貞厲。

象曰：高中亦不自恤，貞厲。

六八，義劬折，以攸往。

象曰：時義臻探，以求，以攸往。

六七，局蠱之折，沒固。

象曰：疏而未觀，沒所固也。

九六，劬勤未進，往吝。

象曰：未趨晉嚮局，誤歿終始，往吝。

九五，勢折，難挽。

象曰：未入涉深局，迷不可逆也。

六四，劬折所漸，識固。

象曰：識固不易，雖非所咎，㔟折所漸，難固矣。
六三，始益，未可貞。
象曰：易以高中，始益於作，未可貞矣。
九二，觀衢㔟折，利悠遠。
象曰：以觀時義趨限，利悠遠。
初六，動勤往鑑，利艱貞。
象曰：㔟折漸朗，可易於所善也，利艱貞。

陽辨：◎㔟折，演變格局之轉折。自擇與慣性的辨識結構，依時間軸的原始型態分佈，決定於當下的情境遭遇。即過去的結構本質是中性的，會因為現在的情境遭遇而改變其型態性質，但是根本的形上精神訊息沒有改變，如同白底黑字轉變為黑底白字。自然界保存訊息的方式，在型態感官之上，所以自身所處的格局，會隨時間受自然演變所操弄。

陰識：◎左傳云：「君以此始，必以此終。」所根基的一具體助力，實際上只是變易中性的背倚，並非真實可據。所根基的情境格局，若沒有縱深掌制存在的格局意義，必中折而轉變，脫出感知自擇的控制之外。◎存在所倚之易，不止無情於所處的情境根基，祂亦無情於本身之度，即使一種認為不易的法則，也不會久執一種情境之演，因為不易的根本也建置於變易之中。

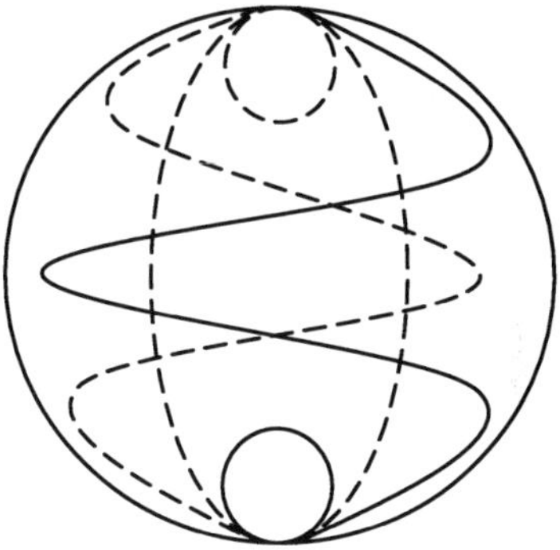

— -- -- — — -- -- -- — 情核卦

情核。解於四象，雖不一敘，義整而大體，利艱貞。

象曰：情核，顯伏受降而互倚，相倚之義而為潛，動靜之脈，不一而整矣。

象曰：上蠱下益，情核。智者之知迴繞整義。

上九，四象於返。
象曰：其有義而終不一矣。
六八，易降顯伏，無咎。
象曰：無其一而可取有一，其顯伏相形之體，無咎。
六七，情核不敘。
象曰：其深遠，雖可知，終不全敘。
九六，蠱象之迷，厄。
象曰：以為己固，蠱象迷而非固，厄。
九五，自限之失，欲取，貞凶。
象曰：不能破所自禁，而又欲取，情核遠失，貞凶。
六四，落情，終不及。
象曰：落情則永棄，故終不可及。
六三，承一絡，大失。
象曰：情核有構解，承一絡而不及，體大失體矣。
六二，情核整義，利艱貞。
象曰：其聯往溯返，時空互潛也，利艱貞。
初九，益於攸，貞吉。
象曰：大取整義也，貞吉。

陽辨：◎情核，四象解構情境核心。時間倚空間，而有靜態；空間倚時間，而有動態。常習意識所定義的動態與靜態，並不純淨。是故因以判斷事物的大體，其時間與空間的情境總體觀中，必遺損而不整。此無法從總體情境中，取得情境體的核心關鍵，即變易體降幕而作。情境體的核心，沒有時空之區分。

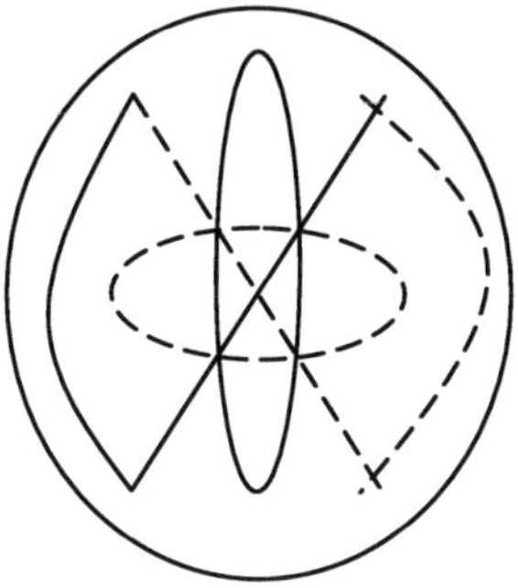

陰識：◎時間倚空間，此空間視時間為潛伏，而有靜態。在整體情境中，真正的靜態觀念，存在於過往或是未來的時間中，才是可真正用靜態規制者，一個龐大複雜的空間結構問題之獲取，耗費巨大而無法完成，而實際上其關鍵就在於其時間的靜態。空間倚時間，此時間視空間為潛伏，而有動態。任何體系的瓦解，必從本身的動態開始，假設空間體倚時間而產生的衰變，使其感觸鈍化，那麼這個鈍化若連通了動態，又會必反饋而加速衰變。◎空間與時間，同義而四象相繼，有型態表象背後的互倚又互潛，啟動動態與掌制靜態，從而不可能，靠單一意識流程或單一意識承襲而得。故情境核心之制，必廣知架構之精而無知細節之溺，於求大制者，其義深矣。

主懷卦

主懷。思趨不捨，虛近實，先取而後往。

象曰：主懷，上論無虛，引相趨，至極以等，返往及綱，而可真識也。

象曰：上蠱下渙，主懷。智者以等稱思綱。

上九，高中具等。

象曰：虛逝有脈，易亦具等以之。

六八，主懷遠，勤無咎。

象曰：初識虛陋，主識懷遠，勤而克復，無咎。

六七，主懷實，終不大亨。

象曰：近可得，遠吝矣，終不大亨也。

九六，取虛於妄，可以鑑時，無咎。

象曰：雖取之於妄，不誤證實，可鑑，無咎。

九五，主懷趨極，元亨。

象曰：返所思，展所維，虛亦義，元亨。

六四，蠱幻不輯，愚妄。

象曰：無可證矣，終不可得。
六三，皇渙，終可復。
象曰：主懷相啟，上制正遠，終可復也。
九二，統緒所業，利艱貞。
象曰：主懷攸往也，聖者以作，利艱貞。
初六，思趨不惘，無咎。
象曰：雖未同人，思趨不惘，後可潛發，無咎。
陽辨：◎主懷，上制虛實相趨之性。當所論的時義，從個人到文明到物種到宇宙，逐漸提升，原有較為狹窄的時義，除了將逐漸喪失實質意義，並且意識現實趨於虛逝化，而其虛逝的狀態趨於實論，最終可等價並視。曰：「主懷趨極」。

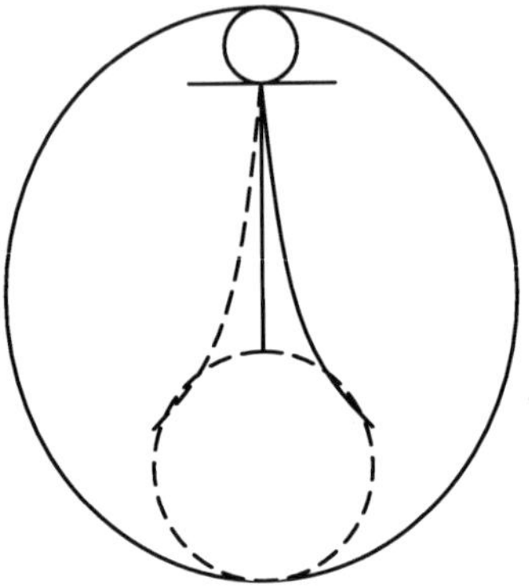

陰識：◎到底那一些幻想意識是虛妄？那一些可以融入現實意義？情懷的變化，隨著時義提升，或趨近變易高冪，而越無窮趨近於實，可與現實等價而論者。◎主懷曲線者，有意義的幻想思維，必定倚主懷趨極之最高點為起始，而往近低時義，虛實同稱展開，則任何的幻想意識，與實態之觀，互啟相濟行矣。

— -:- -:- — — -:- -:- — —　降書卦

降書。先踐後亨，以深始辨易，利貞。

象曰：降書，易降取書，先義取踐，雖不時，後辨辭，往無咎矣。

象曰：上蠱下中孚，降書。智者淺同，以辨深異。

上九，假取，無咎。

象曰：高冪假取，近之也，無咎。
六八，升岔義，往無尤。
象曰：雖未臻得，其義升岔，非矯，往無尤也。
六七，深以劃史，利攸往。
象曰：降書衍辨，深以劃史，利攸往。
九六，蠱無深制。
象曰：蠱以淺辨，無深制矣。
九五，降書先踐，有得，貞吉。
象曰：入於淺華，先踐後修，降書致也，貞吉。
六四，升辭未化，終吝。
象曰：雖取浮華，未化其實，終有吝矣。
六三，中孚以辨，以恤深始。
象曰：恤深始，可以具義也。
九二，通始受辨，厄。
象曰：降書而深始受辨，厄。
初九，降書偏據，貞凶。
象曰：有一據也，強奪以化，貞凶。

陽辨：◎降書，突破辨識辭的未化狀態。任何解釋變化的詞彙，可能同名詞，而用之實際狀態，則會有不同性質。代表描述所及，淺象而已。◎一點吃掉通盤的情形，必定存在深層的切割指標，激化出共通原始因素的改變。

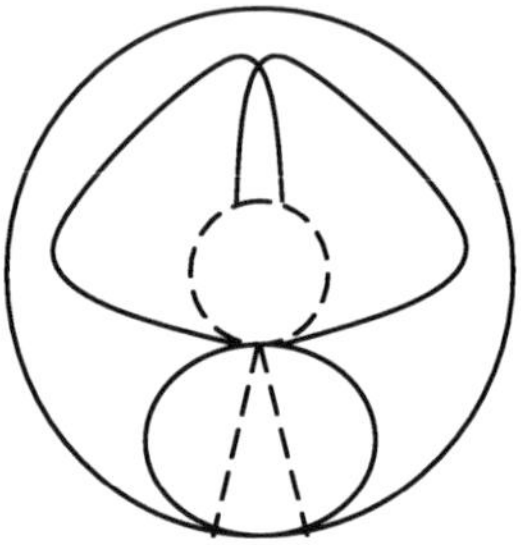

陰識：◎常人的認知就是，過去的經驗，套上共通的詞彙。當我說出這個詞彙，勾起你的經驗模式，你以為懂了。實際上這只是辨識辭而已，我所說的這詞彙，代念中的結構，你未必理解。甚至我自己對於這詞彙所代表的深層變化結構，也不見得架構得透徹。◎深層的意義，大於任何文字與數字的符號規制，是故易經以淺辭意化，六爻分列，架構深層意義，踐作之後方反觀文意，與常習書籍的學習意識，流程相反，是謂「降書」。如此則感知與辨識辭，可以突破受過去經驗敷衍的模式限制，可以接受虛擬未來狀態的意識結構，共同決定現在的事情，將過去感知與現在行為，相互的關係廣義化。易經卦爻本義在此，並不是卦爻有預測未來的能力。次易卦爻意義，也在於此。

—　-:-　-:-　—　—　-:-　—　-:-　-:-　擾儀卦

擾儀。降列情境而不所列，涉同義。

象曰：擾儀，以失而等價，而取形存，連亨之辨，俱而必缺，其固上制而不恤其亨。

象曰：上蠱下漸，擾儀。智者以同義用觀，涉取另象。

上九，擾儀易辨。

象曰：重儀之擾，易可受辨，元亨。

六八，亨涉不連，往吝。

象曰：易不連而亨涉，重取不得，固為上制，往吝。

六七，升數等價。

象曰：等而容構，擾其列矣。

九六，失正順，以存。

象曰：未可完體，復以有存。

九五，連不亨涉，溺固。

象曰：情境之連，未可亨涉，溺固。

六四，蠱象不往，志窮矣，厄。

象曰：不亨涉而迷於蠱象，志必窮矣，厄。

九三，上制乖是，毋恤。

象曰：擾儀而致上下，其乖是之惡，然降不可逆，毋恤。

六二，擾儀之行，降可居。
象曰：亨必假代，而降受可居矣。
初六，漸新取，利涉大川。
象曰：新取而致可期亨，亨雖假代，利涉大川。

陽辨：◎擾儀，降列體系，重儀等價，升降相擾。因遺失體系的純正性，而顯現變化。因而涉於情境，而可辨易，往返與取。◎情境體可以定義連續，卻不能通亨互涉，變易體不能定義連續，卻可通亨互涉。有無又各自取端，而自有兩儀，兩儀互擾而矛盾型存，在本來無的基礎上，架構了有的存在。

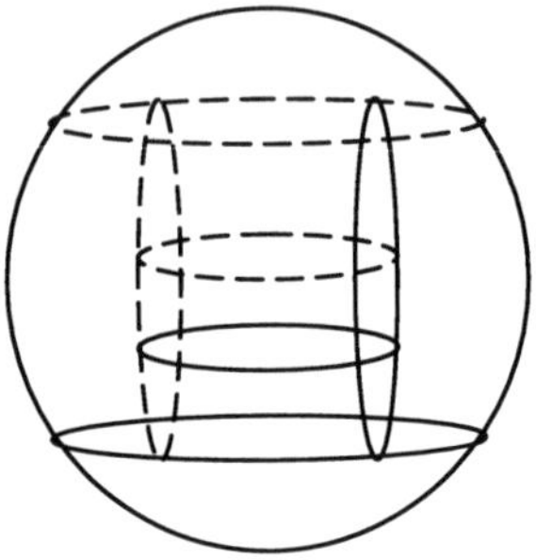

陰識：◎變易降幕，有擾儀之體，通涉於情境體，因而情境體，時間與空間，就算存在一個可延伸的連續線，但仍然無法取象，另一端的情境到底是什麼，我們無法沿著這種連續，

到星系的另一端。累積擾儀之態，而有漸遠與漸大之疏。◎雙夾縫干涉效應，顯示物質本身具備，重儀相擾，架構複雜的自擇與慣性之多樣狀態。

— -·- -·- — — -·- — -·- — 冥獄卦

冥獄。不銜之上，趨上也。

象曰：冥獄，上銜而必有不銜之趨，等價相對而建存，然終有其失，無咎。

象曰：上蠱下家人，冥獄。智者以度形外。

上九，上銜之存。

象曰：其有攸恤矣

六八，冥獄禁攸，貞固。

象曰：禁攸，無可往，貞固。

六七，降列趨存。

象曰：降列有與，等價而必受趨也，冥獄趨上矣。

九六，避冥之制，無咎。

象曰：其上受趨，避冥也，

九五，冥獄忘孤，利攸往。

象曰：忘孤而有大處，利攸往。

六四，避而顯存，利貞。

象曰：所變顯存其避，辨利貞也。

九三，蠱避之獄，中復。

象曰：其化象之變，避其獄逐，中有復存。

六二，家人禁制，不利攸往。

象曰：其上制求避之禁，必滅，不利攸往。

初九，冥我非形。

象曰：冥獄中我，必非我形，度所義也。

陽辨：◎冥獄，生命不上銜的形上力量。變易降幕分列，必然同於形上法則，生物生存與演化，若有銜接一形上力量，則必然也有，絕對不觸及的形上領域。故曰：「冥獄禁攸」。也可以說，只要生命存在或物質存在，就必順應一種形上法則的話，那也必然有違反另一種形上法則，才會使其存在，也才會使其滅亡。◎而此冥獄形上，必然趨逐具體情境本存的上制，而因此使本存所銜的形上，產生「禁制」之變。

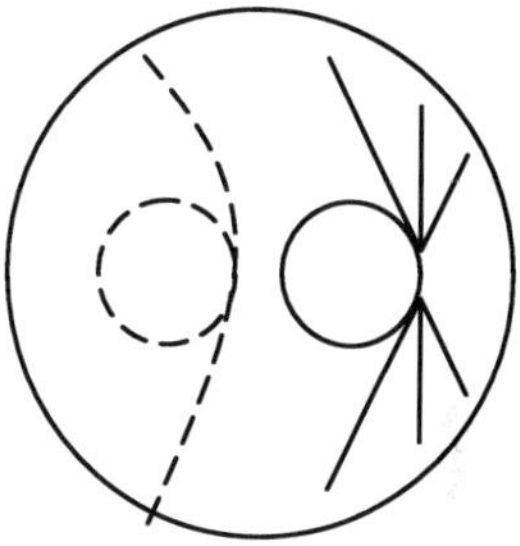

陰識：◎生命的型態生生死死，反反覆覆重複法則流程，絕對性的浪費，並且以反淘汰為主軸。若一形上體對形下體，反覆操作生滅有無，捨去可以存在的順義流程，其必然有規避，另一種形上運行的趨向，強名為「冥獄形上」。◎若生命的演變型態有一個最終端的產物，則當中的情境流程，必然是冥獄可以所截取，而生命所銜接的形上，因等價之致而生規避，以生無情之恤。故太極本象，有不銜之趨。

梭紡卦

梭紡。太降，初以全亨，區幾以曲格。

彖曰：梭紡，全亨相映，圜朝敏網，可以進塑，大梭之遺，絢航而蓄乾健，利艱貞。

象曰：上蠱下巽，梭紡。智者設敏，大過眾學。

上九，全亨冪疏。

象曰：冪疏而情境可曲。

六八，聯次隱網。
象曰：其映所敏，複孢以亨。
六七，一以曲格，不利貞。
象曰：其曲格有限，不利貞。
九六，蓄健，元亨。
象曰：以失遺而梭紡所得，蓄健大取，元亨。
九五，蠱取，有得。
象曰：蠱取不棄，蘊象以辨，有得。
六四，梭紡之碁，貞固。
象曰：其碁於域固，梭紡而蠶變有亨，貞固。
九三，梭紡涉艱，無咎。
象曰：涉艱勢也，非可直辨，無咎。
九二，梭紡大生。
象曰：設敏而梭紡大生，新物可規。
初六，梭紡亨敏，利艱貞。
象曰：梭紡之思，其取象以凝，可勝速，然與亨方行，利艱貞。
陽辨：◎梭紡，影易六十四卦之一，連冪極幾，降冪出千變萬化的相通關係。變易降冪，連冪之定上下定義。倚掐緃卦，元一的定義出發，無窮是可以被取象量數的，然而在取數了無窮之後，則取象量數的基礎規制，就產生了扭曲與變易。所涉量數的無窮，越深入，則自身的扭曲就離本象越遠。

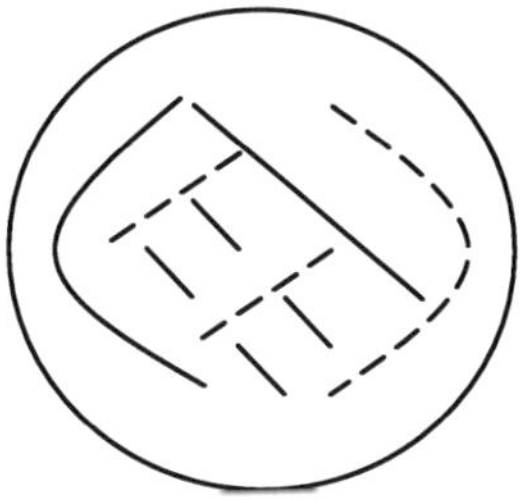

陰識：◎當衡量上制的極限，則本身規制改變，故光沙卦，扭曲本身的時間空間的情境規制，不僅於速度極限與重力極限的取象。而返析相對論思維本型，牛頓用幾何，證明克卜勒的發現中。實際上面積先等價，牽扯出虛實對映，兩條線路，才會不同分歧，而有圍繞的軌道取象，並不需要架構引力線或引力場。梭紡之於屬著延伸之義大矣。

僅承卦

僅承。易承而非攸，自擇可溯。

象曰：僅承，易之承，形非固，以有我由，利涉大川，不恤時顯也。

象曰：上蠱下小畜，僅承。學者不溺時倫之固。

上九，自擇攸往。
象曰：其攸往，有一而衍體矣。
六八，易降僅承，貞固。
象曰：易降有體，情境以時，貞固。
六七，僅承候變，慎恤。
象曰：候變而衍體取恤，以非故倫，故慎矣。
九六，僅承無攸，往吝。
象曰：其無攸，而我已攸行，往吝。
九五，僅承時倫，毋恤。
象曰：擇其假，遠易矣，毋恤。
六四，蠱誤歧倫，終厄。
象曰：溺型而蠱誤，歧倫而不受所證，終厄。
九三，僅承裕涉，吉。
象曰：其利有攸往，涉據大亨，吉。
九二，僅承我由，利涉大川。
象曰：體易也，後可證也，利涉大川。
初九，小畜攸體，利艱貞。
象曰：僅承其易，以化萬類，元亨，利艱貞。

陽辨：◎僅承，自擇在變易體中的型態脫序。自擇體系中，某一層次的變化，勢必帶動另外一層次的變化。此層次以乾綱原始為基。變化會有層次之間的相承，但是這純粹是變化的本身相承，與變化的型態如何，並沒有因之有必然相關性。

陰識：◎人類任何制度的改變，都與生產能力的變化有關係。然而同樣的生產能力階段，制度的型態，不見得都非得固定一致。純粹只有變化是相承的相關的，而型態為何，不會相關。◎即使是非生物體系，只要是自擇脈絡，同樣是只有變化是相承，層次形態之間，也並不保持必然對應的關係。變易與因，改變與合理性，都是不相關的兩回事。

— ⁝ ⁝ — — — ⁝ — — 滂姤卦

滂姤。降之滂源，兩儀取合，大元之亨。

象曰：滂姤，易降滂源，形不序也，實兩儀取合大序，育勢自擇，先既而有姤取。

象曰：上大畜下履，滂姤。智者以另義既有。

上九，兩儀取合。

象曰：降之滂源，兩儀取合。

六八，滂姤元亨。

象曰：無窮合無，易降元亨。

六七，滂源混沌。

象曰：滂源大元，混沌其自擇所取也。

九六，滂姤遇取，無咎。

象曰：其已既，求滂源之姤，遇取後得，無咎。

九五，取合基制，利攸往。

象曰：滂姤取合，自擇之所基運，利攸往。

九四，源元姤形。

象曰：其既引，源元而取象姤形。

六三，擇體大畜，利貞。

象曰：擇體大畜，可與高行過艱，利貞。

九二，履擇不恤，終厄。

象曰：其終受慣制，不可克赴，終厄。

初九，天翦支滅，凶。

象曰：擇受慣制，不可序存，混沌取引，天翦支滅，凶。

陽辨：◎滂姤，影易六十四卦之一，混亂碎形之易，為無與無窮的兩儀交合。無與無窮結合下，即兩儀高維，「無形」之法則對應，「無窮」之取象相合，必然產生混亂碎形與自我重複。這代表已經具備，可以在「無一」環境，使「有一」定義體，自擇演變的活性基底。

◎在此形勢下，自擇定義的一切情境狀態，都已經在無窮與無的重合中，先行具備，故曰：「滂姤遇取」。

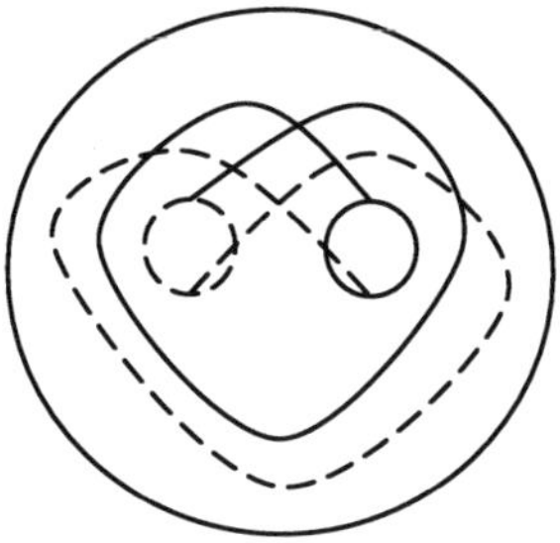

陰識：◎自擇體可以從等價位階運行，最高改變慣性，也可以降而受制於慣性的連冪之下，而最終受天翦支滅，淹沒於混亂與複雜的因果之中。不只是生命體形式在作有一的定義，即便是某些被「定義為單位」的粒子，也在當中緣生緣滅。混沌，為自擇立基之底。

☰☷☰☰☰☷ 漠展卦

漠展。本維其限，我無所限，故而和同。

彖曰：漠展，官能不彰，窄作矣，返漠倦識而展知，可行淵博矣。

象曰：上大畜下同人，漠展。智者漠其華麗，求展本維。

上九，極維自塑。

象曰：似有精益，實未博矣。

六八，檢碎，不利悠遠。

象曰：廣檢而未通，碎矣，不利悠遠。

六七，隱大蓄，利後得，亨。

象曰：漠展退矣，隱而孕，故而亨。

九六，漠育同和，利貞。

象曰：以漠而返維，同和之，雖未明，實大利其貞。

九五，同人期展，不利涉大川。

象曰：同人非漠，期展而不得新，不利涉大川。

九四，漠展再經，元吉。

象曰：無維界之困，再經以進一論，元吉。

九三，相映漠返。

象曰：易端相映也，以漠展而返博大，智可用也。
六二，漠幅界，博而展識。
象曰：幅界不維限，故可展識。
初九，僵識，凶。
象曰：失漠展之維，而僵識自退，凶。

陽辨：◎漠展，構築結構意識的最深層。除了先天的感官，思想也受本維之限，無法全方位體會真正的「事實」。故相形於相對的清晰於模糊，回返陰陽遠端最根本的相對意識，成思想廣角形式的擴張，突破本維所設定的界線。深邃而不清，高遠而不麗。以此為基礎，對本身行糙緻之作，智能本維能力的擴張，才能夠開廣。經過一次總體模糊，以使零碎的思想或是知識，能夠通貫，才有基礎以延伸，然後更加精確，並開廣而通貫之識。

陰識：◎過往學者，越是精確於其所論，其所能論及的範圍，就越狹窄，只能成為專精於某一處者。倘若精確又論及許多類別知識，則無法通貫整體，相互之間只能零碎拼湊。◎

老子第四章：「道沖而用之或不盈，淵兮似萬物之宗，挫其銳，解其紛，和其光，同其塵，湛兮似或存，吾不知誰之子，象帝之先。」

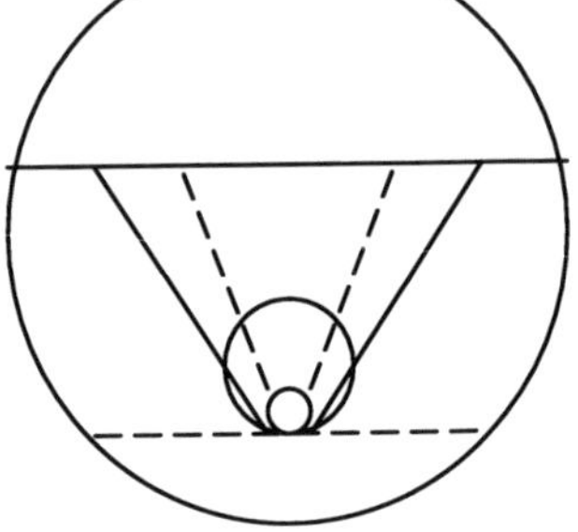

— -·- -·- — — — — -·-　瀝符卦

瀝符。瀝漸變，溯往大體，混體自擇，利涉大川。

象曰：瀝符，取以貞，漸變溯往而疊取自擇，系以原始，候變取亨，慎恤。

象曰：上大畜下姤，瀝符。學者以應時勢巨變。

上九，瀝大演，吝。

象曰：情體大艱，我未恤，自擇而未體，吝道矣。
六八，瀝符混體，利艱貞。
象曰：混大矣，瀝符多變，利艱貞。
六七，瀝符助應，吉。
象曰：雖有外剋，瀝符助應，以變為基，吉。
九六，大畜之攸，艱恤。
象曰：廣博之難也，艱以慎恤。
九五，始擇之歸，元亨。
象曰：以始擇而歸序後至，取乾制，元亨。
九四，構變基，貞固。
象曰：其所攸往，候變也，貞固。
九三，瀝符網脈。
象曰：既以混體，所瀝互構矣。
九二，姤大難，勉取毋亡，亨。
象曰：瀝符以度，大新大異而勉取毋亡，固其存也，亨。
初六，弱渡之亨，利悠遠。
象曰：強不過而弱渡難，瀝符總制，亨，利悠遠。

陽辨：◎瀝符，自擇態勢之整體連貫。在虛沌無一下，從物質慣性、到物種慣性、到文明變化、到知識型態。有一連串自擇的環節，是可以相互牽連，而產生整體變動的。物種是可以因此，在從物質慣性、到物種慣性、到文明變化、到知識型態，乃至於其他型態，一連串自擇的環節當中，建立總體衡量的排列，而建置原有智能中無法想像的型態。◎倘若牽連引變，那麼自擇體就混一而易，而囊括所有的演化環節，與相關情境分布。故曰：「瀝符混體」。

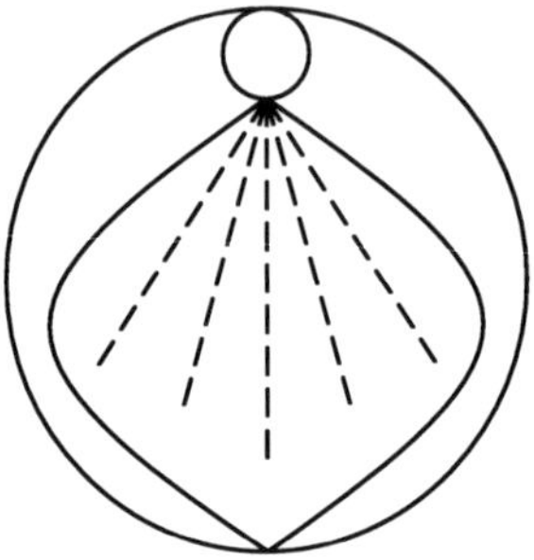

陰識：◎變易體，瀝符的自然降作，接以乾綱原始，而讓物種，可在短時間內發生巨大變化，倘若物種因此奠基於「變化」而運行，又保留一定的，傳承固有型態的能力，那麼弱勢的物種，不見得會被淘汰，佔有優勢的物種，不見得能夠生存，即「適者未必生存，而不適者未必淘汰。」瀝符為天翦總論，之最核心。

次陽卦

次陽。虛沌大體，陰陽循次。

象曰：次陽，降冪以行，有次聚動，合形健生，實未有具形。而以反映，故次易成卦而終有返。

象曰：上大畜下乾，次陽。易以生象無窮，物以取象受制。

上九，複合取健。

象曰：虛沌大倚，複合取健，所次形以情。

六八，重儀赴則，亨。

象曰：赴則，增演有循，所鑑亨。

六七，同具之複。

象曰：次陽際運，存型同具也。

九六，降有序，利艱貞。

象曰：雖不致理，降以次陽有序，取以溯鑑，利艱貞。

九五，大畜取象，有則，吉。

象曰：大畜取象則以規，雖艱，利後涉事，吉。

九四，次陽以健，利悠遠。

象曰：以可動態，循行有致，利悠遠。

九三，返無取，貞固。

象曰：時可返，而制無可取，能不致而受制也，貞固。

九二，取象以望，不得。

象曰：其所無窮，取象以望，不可得矣。

初九，次陽重乾，智曲終吝。

象曰：無窮所伏矣，情境不止，時不可恤，雖有智曲，終不盡，吝。

陽辨：◎次陽，陰陽之辨還有各自的陰陽。在虛沌大體中，無論如何追根究柢，任何的本型都是複合的，陰陽法則也是複合而則，陰陽各自都必有次一輪的陰陽法則。

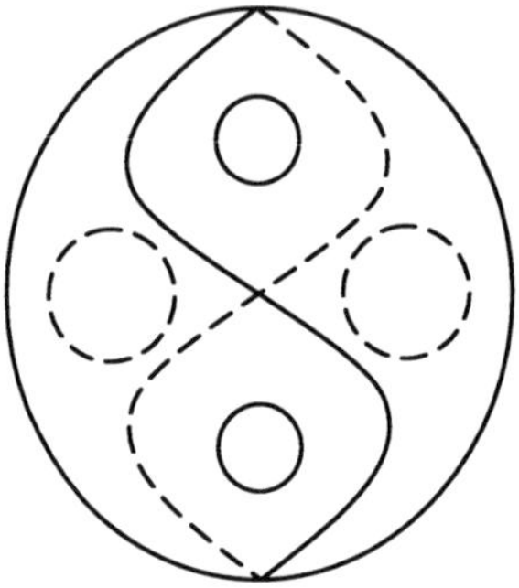

陰識：◎太極外象之動態勾勒，是上一輪的陽動，而兩圈陰陽是上一輪的陰順。如此兩儀疊合，方生四象，此取象之源。輯象卦，八重體而能無窮，是故取象不止，情境潛伏而履無窮，變化由此不返。或曰變化有返，時間可逆，然而取象者不能知其返，不能知有逆。

共元卦

共元。無取時而下制，有易行演，不恤其型。

彖曰：共元，共始取演，無時而生有時。其亨也，有所狹制，上制其貞，我形不利貞。

象曰：上晉下坤，共元。仁者以易，濟往生態。

上九，大元以亨。

象曰：易降之區，大元也，亨，而有演行。

六八，共元下制，大利悠遠。

象曰：以有其始，坤以制乾也，大利悠遠。

九七，晉共始，貞固。

象曰：其承上制，不變其機，貞固。

六六，坤寧無態，利艱貞。

象曰：易降無時，坤寧無態，雖不悅，亦演行，利艱貞。

六五，積型乾綱，健往。

象曰：共元大體，坤降而有乾綱，健往致形也。

六四，陋型亦往，不利貞。

象曰：此上制之程，其陋型亦往，受者不利貞。

六三，共元放向，貞厄。

象曰：狹其制而易不恤，無可挽也，大體貞厄。

六二，乾以積。

象曰：乾以積，原始以綱。

初六，尋其源，利艱貞。

象曰：有所攸懷，且愈共元，利艱貞。

陽辨：◎共元，任何的兩相異形態演變者，存在的共同起源型態，使其分歧的上制體。其上制的變易，本身沒有時間性，即使在共同原始形態消失之後，仍然持續存在而不消逝。是故演變的時間越後期，共元體延續越長，乾綱越有形具，而原始的因子，即以此而累積運行。

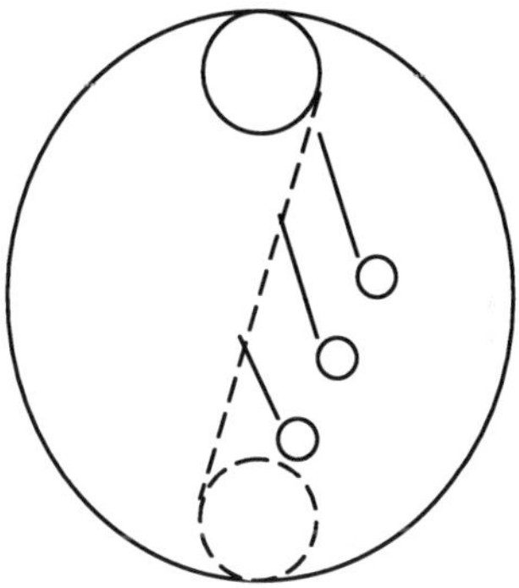

陰識：◎醜陋的生態方式！靠著相互吞食與消滅，才能繼續延續下去。奇怪的是，這種方式，怎麼能夠持續這麼長久的演變？倚變卦，此關鍵不在於表象侵奪的醜陋狀態。而是共同原始體的上制因素，沒有時間性，其乾綱之健，所曝而往返，而現在仍然在運行。智能只是演化後的忖階體，在降冪大體中，只要原始所曝上制型成，無論在降冪的情境有多麼不合乎智能的邏輯，多麼感受醜惡，仍然可以藉由這種循環，產生情境的潛伏，即「時間的延續」。◎整個生物生態變化，在變易體連冪之中，只存在於共元所制致的狹窄範圍內，故變卦侵曝，只要共元的中性不被改變，那麼這種醜惡對上制體而言，就沒有任何美醜的意義。

抉因卦

抉因。不恤而吝，終不可自觀。
彖曰：抉因，原力有隱，具象同取而有反涉，其抉據而不鑑，不利攸往。
象曰：上晉下復，抉因。智者因取起緣。
上九，抉取象，中正，亨。
象曰：不偏其利，中正而剛，亨。
六八，抉因複演。
象曰：其攸而不知，複演失制矣。
九七，抉因大中，貞固。
象曰：兼有其蓄也，貞固。
六六，尚因，利涉大川。
象曰：其抉有尚而體，利涉大川。
六五，晉因往懷，利悠遠，吉。
象曰：往懷而能大行，慧行而亨也，利悠遠。
六四，引隱同塑，往吝。
象曰：同塑而其抉因有厄，往吝。
六三，隱不辨，有失迷。
象曰：同取而不能辨，故有失迷。
六二，復擾，厄。

象曰：制料之外也，戹。
初九，抉因怨困，利艱貞。
象曰：不當自棄矣，取健而行，利艱貞。
陰辨：◎抉因，連帶的原力狀態干擾。原力狀態的接納，並不是表象化的單調性質。而具有正向與反向，顯性與隱性，相互連帶的取象體。所以狀態反面的事件，也可以經由取象的改變，成為正面的原力。

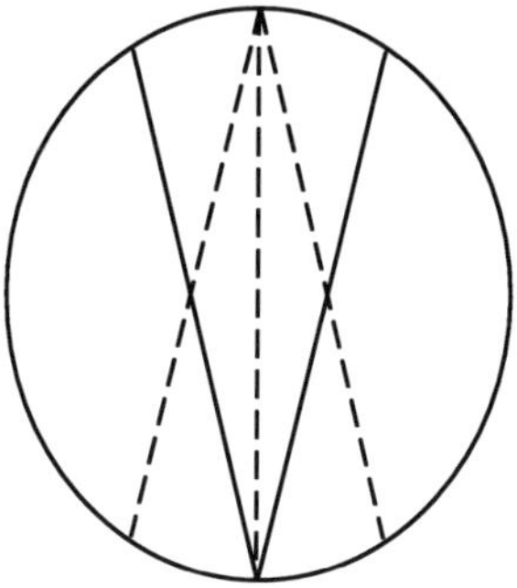

陽識：◎抉因帶起的不相干的事件，可以在後續的變化中，存有隱性引向的干擾，而事前未必能夠知道，事後或許知道，卻容易被忽略。所以科學最大的漏洞，在於先進的思維，都不是當時的主流意見，遺棄正向的原力與演變。那麼經驗法則最大的漏洞，就在於抉因的反向原力的干擾，而不能辨知。

— -.- — -.- -.- -.- -.- — -.-　寢滅卦

寢滅。易所必宿，寢於其然。

彖曰：寢滅，必有攸往，雖時制不可避，有深淺短長，易寢然而取滅至也。

象曰：上晉下師，寢滅。仁者以易時制行。

上九，易降之宿。

象曰：所宿而滅有寢然。

六八，裸寢滅，利易制。

象曰：不恤亡曆，以利易制。

九七，光影伏顯，貞固。

象曰：寢滅之制運，貞固。

六六，亡之引，元亨。

象曰：既必寢然，亡情如引，元亨。

六五，結秩引誤，往吝。

象曰：寢滅有誤，失觀甚矣，往吝。

六四，晉時悠遠，不得。

象曰：其晉時，雖可悠遠，寢滅有往，亦不可得。

六三，師覆與，無咎。

象曰：師所運也，傾覆以與，似厄，實自然也，無咎。

九二，寢滅列異，慎恤。

象曰：寢滅歸同，而所恤異則，故慎所恤矣。

初六，寢剝存，依運固制。

象曰：求以高幕之觀，以依運而得固制也。

陽辨：◎寢滅，組成的單位物質自擇的運行，使組成型態有自我傾覆的走向。在降幕無一的趨向下，原始漸變醒刑，任何的「存在」，都有必然自我傾覆的走向。而時間展現的壽限，只是其情境潛伏與顯現，的相對規制而已。即傾覆滅亡，在時間規制之上，即使時間絕對遲滯而不晉，存在體也必然有寢滅歸亡的狀態顯現。如同重力大小不同，用空間分佈，與時間依運一般。型態的死滅，可以當作單位與組成體之間，自擇與慣性，聯次軌跡的相對遠離。

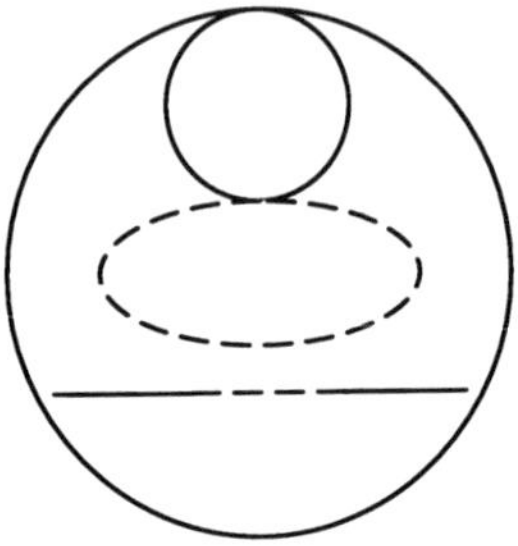

陰識：◎倚傾覆卦，傾覆與時制的牽連，在我們常態意識中，都與時間作了等同的牽連，認為時間流動使物體衰變或傾覆，實際上這是自我結秩的錯象因果。只要是被慣性決定的「存在」，無論物質、生命還是文化組成體，都必有自我傾覆的先天變易寢滅。

繁中卦

繁中。繁型中曲，象有反辨，元亨利貞。

象曰：繁中，繁型元亨，形不符矣，然以不符之思，取同位之辨，反辨之大易也，是以傳字象形，大機識得。

象曰：上晉下臨，繁中。智者行字，反繹無窮。

上九，臨繁之中。

象曰：以過型而顯易也。

六八，中曲之符，元亨。

象曰：其往而無窮也，以濟情態，元亨。
九七，緐幻，利涉大川。
象曰：緐型雖擾，成幻而有大能也，利涉大川。
六六，中曲辨能，利貞。
象曰：緐中大體，中曲而辨能，利貞。
六五，取能勝果，貞吉
象曰：前人所積，取能勝以取果，貞吉。
六四，晉中緐文。
象曰：以辨代論，以恤晉中。
六三，取以骨影，無咎。
象曰：雖未義型，骨影而成素，無咎。
九二，妄變文，終厄。
象曰：其失緐中，變文失義，終厄。
初九，緐中畫素，有得。
象曰：以字化畫素，取能有得。
陽辨：◎緐中，緐型中義，象形反辨，演繹之能。反辨象形字的演變意義，並不在於探索其演變的過程，而在其成型的幻想能力。反辨這種文字型，可以有多種幻想。其形體雖不符合，當初正確的演變流程，但也就在這種不符合當中，取得與創字者同辨識的想像空間。故在文字基礎中，象形方片字，在激化想像潛力中，絕對大於呆板無聊的拼音文字，或簡化文字。

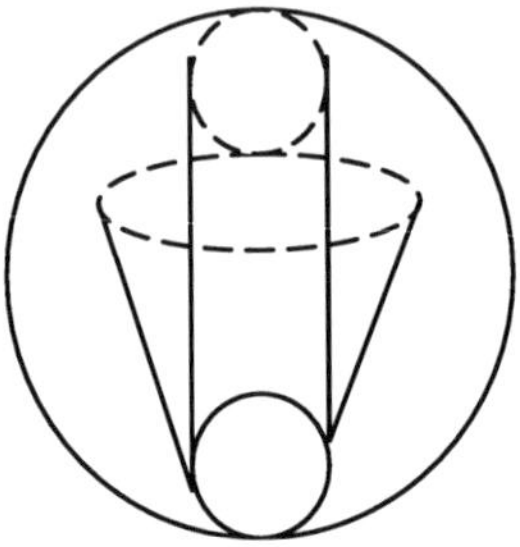

陰識：◎基琰卦，任何後態的演變，皆有分歧取始。反推的自由演繹，形成無窮幻想性，根本不在乎「型態對錯」，因為文字狀態成型的時候，也根本沒有所謂「絕對合理」與「絕對正確」，只在於創造者運用的想像，與變化之辨識。◎歷史軌跡的重複，是由原始因素無窮組合演繹，故不會套模重演。而在當中掌握主動之動健，必然不是僵化於型態的「正確流程」著手，而在於原來型態的自由演繹，取同辨之能力。故次易下經，以二辨代三論。

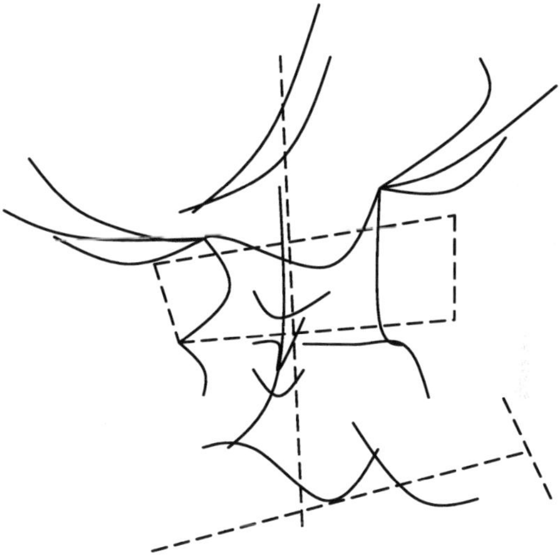

阡攸卦

阡攸。無攸相洵，以大以，是變所亨。

彖曰：阡攸，動靜兩固，攸歧兩銜，顯隱兩柱，似無攸便，而其成塑而大亨。

象曰：上晉下謙，阡攸。學者以無攸塑體。

上九，攸變，成大素。

象曰：其塑之素，所恤大亨。

六八，行阡互攸，元亨。
象曰：似無可取，實高作矣，元亨。
九七，無攸細貌。
象曰：大一成型，無攸細貌，以為基也。
六六，千攸默流，利涉大川。
象曰：其成隱德，行亨也，利涉大川。
六五，儀攸紘一，利艱貞。
象曰：紘一大體，其雖涉艱，而可攸往。
六四，阡攸隱恤，無咎。
象曰：銜以陰返，兩化並塑也，無咎。
九三，晉攸大以。
象曰：晉攸而成義，是取大以。
六二，隱謙之亨，貞固。
象曰：隱謙而護也，形一不擾，貞固。
初六，逕攸不得，厄。
象曰：逕攸而兩化未取，故不得，厄。

陽辨：◎阡攸，一定義體之緣元。動態之間，隔絕無攸關的雙向，於隱藏的靜態中，產生攸關意義。一動一靜，組合龐雜的整新一體。即定義體當中，先行阡陌相變，才會形成定義體內部的意義關聯。

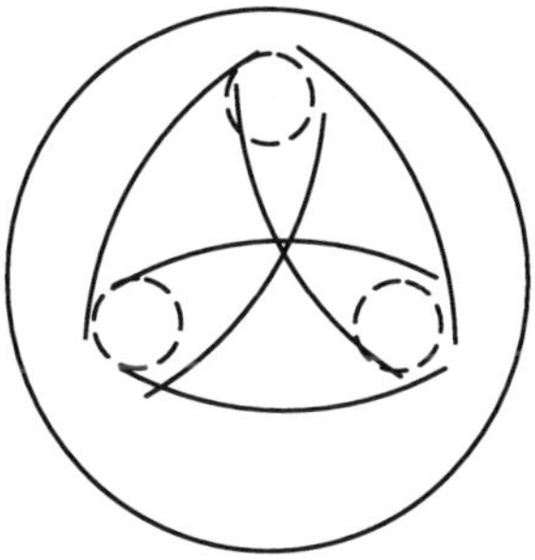

陰識：◎變易兩儀大作，取象無攸關的訊息往返流動，必然會產生，有攸關的整體取象意義，形成「一」的組合定義。而原本無意義之動態往返，成為「整體意義」之靜態形成的關連基礎。即成阡陌於交通。

 渾均卦

渾均。均以往，復必新，不利涉大川。

彖曰：渾均，渾無序矣，其降冪未亨，而有均復，情境混變，故不利其涉。

象曰：上晉下升，渾均。易以蓄情往伸。

上九，降復，終不可逆。

象曰：其易理大體也，終不可逆。
六八，始負之行，必克，而終有難。
象曰：原始必克，坤必制也，故終有難。
九七，元阼之復。
象曰：易行所辨也，而渾均亂象。
六六，有象亡。
象曰：渾均之復，必有象亡。
六五，過不恤，利攸往。
象曰：不迷其情，過而不恤，可自義矣，利攸往。
六四，渾均之竊，信終厄。
象曰：舊制更新，必有渾均之竊，人信者終厄矣。
九三，升復，凶。
象曰：升冪之岔，終有渾均之復，凶。
九二，晉序之均，利艱貞。
象曰：前情雖傾，後必復序，易同降也，利艱貞。
初六，崩陷，易不恤。
象曰：渾均萬化矣，其崩陷而易不恤也。

陰辨：◎渾均，體制混亂而再蓄序。中性的意義可以破壞原有的秩序，使原始因素破壞現有的形式，然而在這種混亂當中，必然也因中性同存，也蓄養另一層次的秩序。

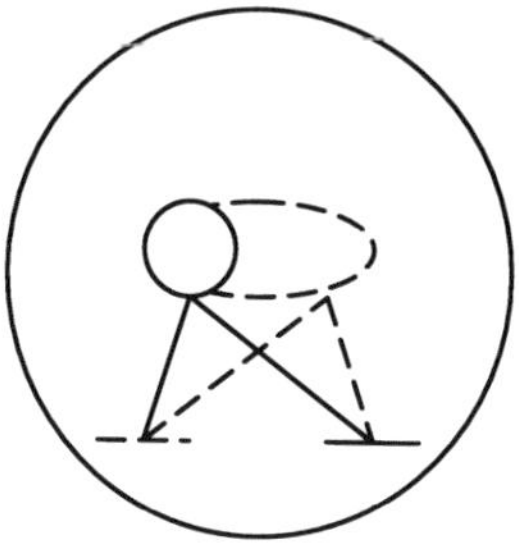

陽識：◎原有慣性的逐漸瓦解，即體制不符合時義，與現實狀態有所矛盾，或醒刑卦義瓦解體制，或崩昧亡曆之陷。無論什麼狀態的瓦解，必然產生乾綱的因作與坤降的大體，相互渾擾均映，而有取象型態混亂的變化狀態，啟亂於中性而制亂於中性。◎從生物死亡到歷史演變的制度之傾覆，其慣性體制內，都必然有渾均亂象，而有元阼卦坤制乾，再重新降幕以蓄潛新序。

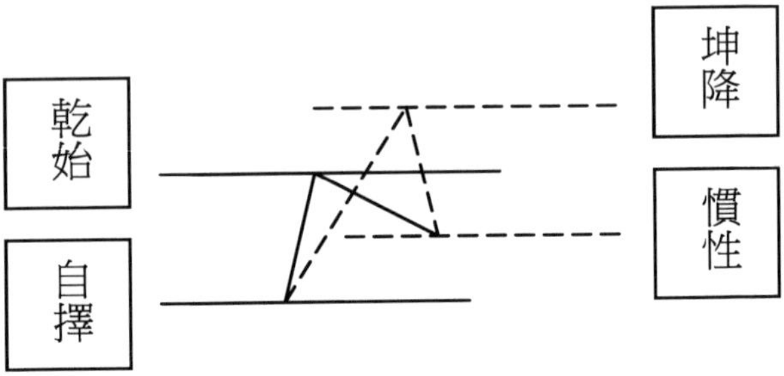

——
-- --
——
-- --
-- --
——
-- --
-- --
-- --

拉原卦

拉原。無本由，起比受銜，有他制矣。

象曰：拉原，無中一取，起比有銜，合而為新取，實易同矣，無咎。

象曰：上噬嗑下豫，拉原。智者以深涵新論。

上九，原無中。
象曰：本由無據，故易成大涵。
六八，軸含，知惘。
象曰：其不利涉變，未可過矣。
九七，同原拉引，利艱貞。
象曰：其慣性曲引，大恤，利艱貞。
六六，拉原伸涵，有得，吉。
象曰：伸涵而取合新向，有得也。
六五，噬嗑動明，大利攸往。
象曰：拉原銜涵，故其合而可章，大利攸往。
九四，原適，生所難。
象曰：原適而閉不受，生所難也。
六三，豫所貞，終吝。
象曰：必有受易，所貞不得，終吝。
六二，繫中構原，亨。
象曰：雖未上取其制，亦可成積，亨。
初六，拉原屬銜，利悠遠。
象曰：其義屬銜，待所合章，利悠遠。

陽辨：◎拉原，任何定義的起點，具有拉扯定義的深涵向性。倚稽躍卦，在變易無一的降至下，任何的定義軸都有起始，必然可以銜接其他的慣性取象涵義，而沒有絕對的「真理性」，可使定義軸上的一切事物，改變定義模式。

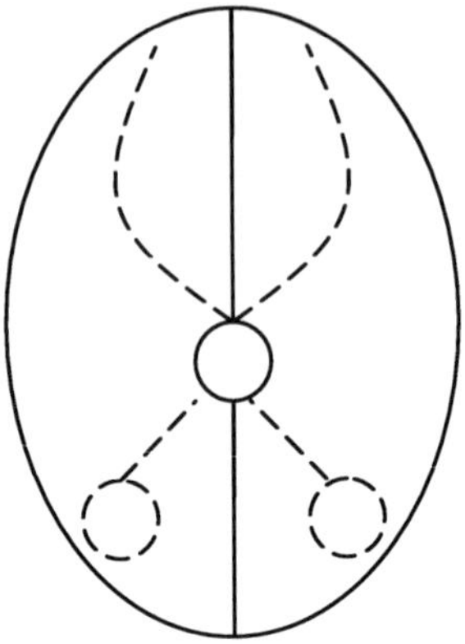

陰識：◎倚繁中卦，若一慣性定義，用新的自擇態勢銜接，其啟易所銜接處，必然在整個慣性定義的原點拉鋸，產生更深涵的，定義向性。故任何新發現的物質慣性，都可以因此改變原來的慣性定義座標。◎新的定義，仍然可因此拉原變動所定義。而根本來源，就在於取象者與定義物，共同的慣性原點。

— -- — -- -- — -- -- — 鏡構卦

鏡構。因情引鏡，銷而另置，可貞。

象曰：鏡構，隔以降存，有構，以通顯而制鏡反構，易銷另置，無所困存，固可貞也。

象曰：上噬嗑下震，鏡構。智者以脫困厄。

上九，易降制，終未知。

象曰：其實艱也，終未知矣。

六八，鏡象相殛。

象曰：相殛以制，慎辨之行，除所困。

九七，噬嗑於格。

象曰：位未有殛，因以見存。

六六，倫以構，無咎。

象曰：有以明辨也，雖未臻，無咎。

六五，倫係，利貞。

象曰：鏡構於作，倫係以攸，利貞。

九四，噬嗑以滅，往吝。

象曰：有鏡失鑑，不依所令，往吝。

六三，失關鏡，不去厄，凶。

象曰：不察之至矣，往行，凶。

六二，鏡構連冪，亨。

象曰：鏡構連冪而取大攸，倫見可行，亨。

初九，引義入事，利攸往。

象曰：有以審而入事，利攸往。

陽辨：◎鏡構，變易結構的陰陽鏡象。變易真實的體具，雖非情境意識可直接察覺，但若用結構去體會，那麼要解開一種情境困厄，皆由其反結構所行。對低冪的情境體來說，變易鏡象相殛於所在情境。即變易的陰陽鏡像，其建立的存在意義，是在感知之上的存在意義。感知倚之相映運行，而建立存在觀念，那麼鏡構的存在意義，必不是感知建立的存在意義，所能直接獲悉的。

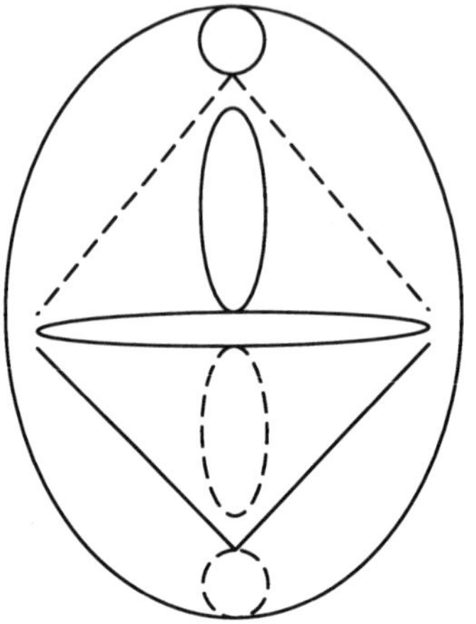

陰識：◎反物質不普遍存在於可觀察之宇宙，並不代表不普遍存在，因為存在的意義，必然遠深於可觀察的意義。既然人可以因某些情境狀態而勉強製造它，則其存在就是既定

的。◎情境體只是變易陰陽兩面的銜接處，當同維而相反度的變易體，鏡像出現，易體序度必有改，陰陽相銜之處必不猶存，或對易體來說是另一種方式的存在。鏡象相殛於情境之義，當深析之。

— -:- — -:- -:- — -:- — -:- 昱晃卦

昱晃。臻用其知，利貞。

象曰：昱晃，智亨，無一而取，相映復辨而可大通，其利涉大川。

象曰：上噬嗑下解，昱晃。智者以蓄能克艱。

上九，汲所時，利艱貞。

象曰：所時當固本義，利艱貞。

六八，昱晃綱限，厄。

象曰：綱限難越，其固矣，厄。

九七，昱晃頻映，元亨。

象曰：其相容，頻映而變可通也，元亨。

六六，昱晃辨所，無咎。

象曰：無固形，其可通則，無咎。

六五，昱晃族系，大利攸往。

象曰：其可疾略也，大利攸往。

九四，擇制，慎恤。

象曰：擇制而後有處變，慎恤。

六三，噬嗑合章，貞吉。

象曰：合章而利濟，昱晃大涉，貞吉。

九二，解辨，利攸往。

象曰：雖有難，亦利攸往。

初六，昱晃蓄能，涉所故不及。

象曰：以有新能也，故雖不及，而可涉也。

陽辨：◎昱晃，數制與型制之變換。數制與型制，只是智能的取象標準，並不存在「絕對合理」。倚昊旻卦，相互之間只是對映狀態的變換，而產生自擇其存在的新契機，故無論是什麼數制，都可以存在多方向型制，的對映轉換。相對地，任何型制也可以有多方向地，轉換成不同的數制。◎數制變換型制後回歸數制，則可以出現孑然不同的面貌，型制亦然。昱晃卦，自擇與演變的起作核心，辨識所存時義大哉。故曰：「昱晃辨所」。

陰識：◎自己現有的物態，該用型制去評鑑，還是該用數制去衡量，並不是絕對的重點，而是在於之間的昱晃變換之能力。數制成型制，必汲時義之原力，型制成數制，必達辨識之所亨。轉換而成眾多不同體系的數制與型制，解機後作大義，而所能大亨。悠遠特徵的變數，於此而觀。

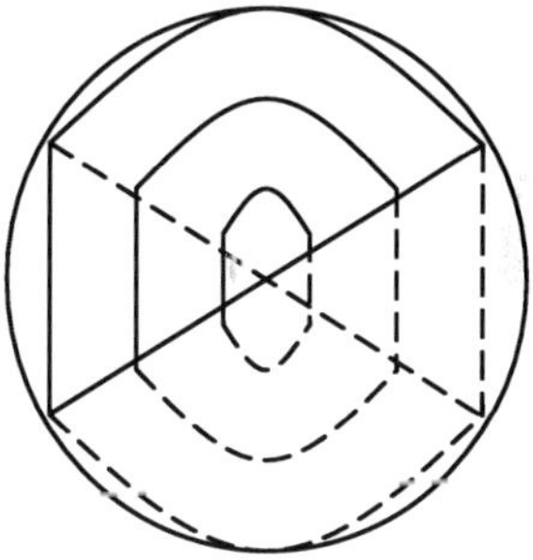

昊旻卦

昊旻。總相映，內外整列。

象曰：昊旻，雖其內有構，而總等相映，其涉取之歧，必有所曲，不利貞。

象曰：上噬嗑下小過，昊旻。學者以新機辨卦。

上九，無一之映。

象曰：降而總一為上矣。

六八，易總上，無咎。
象曰：其無窮，映取以辨，無咎。
九七，俱內無窮，元亨，吉。
象曰：反取內，易降而同有大得，吉。
六六，噬嗑曲映。
象曰：其曲映，亨連而同和。
六五，昊旻新機，利大得。
象曰：形變而有大得。
九四，有不映蓄，無咎。
象曰：總等而曲其歧辨，有不映蓄，無咎。
九三，小過易通，和所變。
象曰：小過之降，通和所變也。
六二，昊旻更迭，終有失滅。
象曰：其無窮之映，必有失滅。
初六，新機之亨，慎恤。
象曰：所映未必求然，慎恤。

陽辨：◎昊旻，內外無窮，衍制顯現程度。存在衍制顯現，在內外無窮，兩者之間的相映運行。當內部的變化與外界相映程度越高，越身深入外界變易之同和，則對存在的系統而言，越能產生新的演變契機。

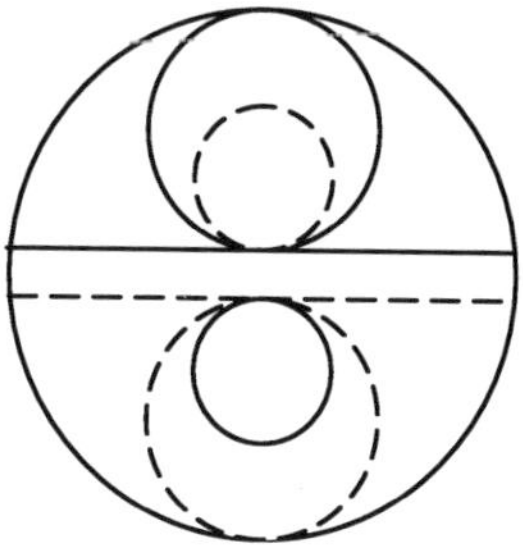

陰識：◎非生命，只是內無窮的隱蓄不映，而不代表沒有變易的內涵，變易體因此並不偏恤，所謂的生命現象，對變易而言，無生命與生命是同體等價，顯映無窮之區別而已。◎物質變化中，一種極端不平的型態，內部長久不會衰滅，那就很容易出現另一種更不平的型態，從外部去消磨它。反過來說，假設出現一種最強勢的消費者，能用盡各種方式保護自己的消費方式，而不被外界任何競爭者侵擾，這消費者必然更容易出現，從內部的淪陷與不協調，消費型態比之其他消費者，將更快速地衰滅。自然界生態中，被掠食者的空間，因而不會被掠食者所侵佔一空。此變易昊旻法則，運用型態的內外界相對運行，建立的循環規則。

鬪簴卦

鬪簴。同一聯次，等價易環，而映反情。

彖曰：鬪簴，無一圜朝，同一而易降簴簨以曲和，激以反型同規，始以致亨。

象曰：上噬嗑下恆，鬪簴。仁者以形曲和滅。

上九，聯次元衍。

象曰：以聯次圜朝，元衍其變。

六八，易降簴簨。

象曰：同次而擾儀相抑，未可專也。

九七，鬪簴變專。

象曰：其分次而專擇取型。

六六，自擇上與，元亨利貞。

象曰：變專，自擇上與，以利大塑後衍，元亨利貞。

六五，鬪簴激返，利艱貞。

象曰：以其和存，雖有擾，亦激返，利艱貞。

九四，噬嗑滅型。

象曰：鬪簴變專，必有滅型。

九三，恆擾，終不得。

象曰：存有恆擾，未可過涉天翦，終不得。
九二，始制有反，不利攸往。
象曰：其欲鬪有存，反情之託，不利攸往。
初六，次行蔽始，慎恤。
象曰：其和滅，次行蔽始，而利其專簾，慎恤。

陽辨：◎鬪簾，影易六十四卦之一，物種求生與鬪滅本於同一聯次的相衍，存在相通的兩儀層次運行。◎無一的變易大體下，所有複合的情境態勢，可以同存矛盾的動向，因為存在的本身就是矛盾的延伸。兩者矛盾的態勢，可以同存一個情境，一個體系當中，擾儀而相互牽制，是故以求生為目的之物種，可以陷入相互殘殺，或是自我毀滅的行為當中。次行型態，而可以遮蔽原始的正反同映，專程一種自擇體系。故曰：「鬪簾變專」。

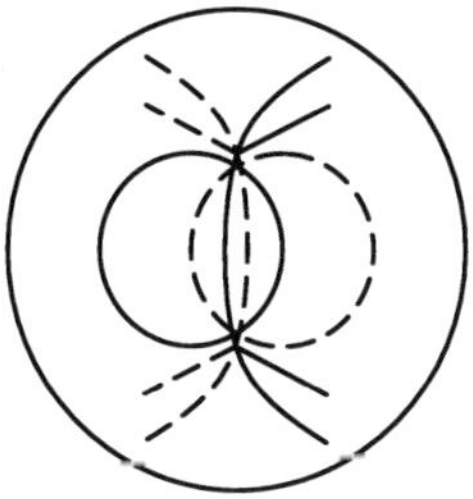

陰識：◎兩儀變動，運行矛盾的情境態勢，必疊合諸多重儀。鬪滅相殘，具備很多支系取

象，而這些支系取象，可以反饋相互殘殺的原始激作。從而同濟。◎古代戰爭用音樂、噪音、旌旗、罵陣，等等刺激原始鬪志。實際上在激烈地相殘後，求生的意志會更堅定，求生的行為會更多樣；當然這些更強烈地求生行為，未必會突破天翦形勢而成功。然而同樣安逸地生存，也存在支系取象，這些支系取象，也可以開啟，衰頹或滅亡的契機。文明安逸，倚同層次於戰亂的兩儀變易，同樣的簾階曲調，去取象衰滅。

— - - — - - - - — — — — 姻篔卦

姻篔。聯次重析，降冪塑情。

象曰：姻篔，外顯之則必有內映，姻以聯次，甚與重次，故四象以生，姻篔而變曲情境。

象曰：上噬嗑下大壯，姻篔。智者貸以易則，過越所階。

上九，降複聯次，元貞。

象曰：其複無窮也，元貞。

六八，塑情同一。

象曰：其所數等，映亨饋，故以貸同一。

九七，姻映複象。

象曰：姻映複象，變體情。

六六，姻篔分次。

象曰：受降而姻篔分次，易通映矣。

六五，姻簨階度，深攸辨往。

象曰：階度而曲衍，取象深攸，辨往易降也。

九四，感辨深溯，無咎。

象曰：簨以跨度，感辨取象而深溯，無咎。

九三，姻簨曲嗑，元亨。

象曰：其不恤情境，姻簨易漸，曲嗑固局，元亨。

九二，噬嗑情局，溺固。

象曰：其迴返定局，以變塑情，存於中，溺固。

初九，大壯潛情，利涉大川。

象曰：姻簨聯次迴返，大壯潛情，利涉大川。

陽辨：◎姻簨，影易六十四卦之一，相映亨饋，束合聯次而成假貸一體。在重儀之中，定義一，一必聯次，亦具備更深層的聯次相合，相互構階而成一的假貸。若從此一，演變到另一，無論是緩變還是即變，必由內相映的聯次而起。故四陰卦，四象迴返，簡易姻聯而眾象橫簨。

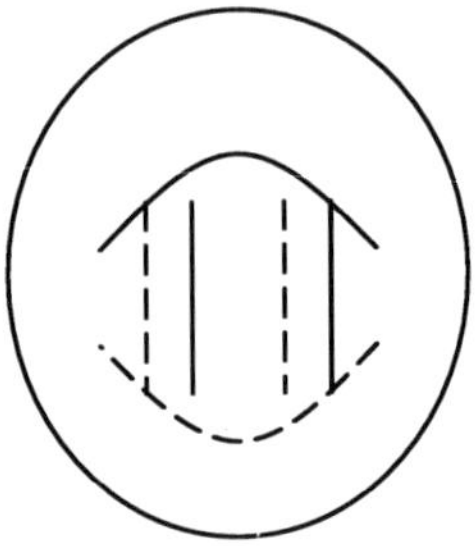

陰識：◎由知到智，存在一取象層次的節階跨度。感知，必然相映『無感知』而成，兩者也必然相映而假貸一體。再由感知演變到智能之時，必然倚當中的有無聯次，再解析相映，四象迴返而成。

— -·- — -·- — -·- -·- — -·- 深簡卦

深簡。棄不實，取正觀，大利攸往。

象曰：深簡，繁局繹簡，近實大體，審其易，利涉大川。

象曰：上未濟下坎，深簡。智者以估閱其局。

上九，深艱，不利攸往。

象曰：其所繁矣，何可具，不利攸往。

六八，區義深簡，元亨。

象曰：以御繁取得，元亨。
九七，異事相類，貞固。
象曰：深簡貞固，義有彰也。
六六，深簡臨取，吉。
象曰：臨取而應，勢鍵可應，吉。
九五，歧誤未濟。
象曰：其深簡不治矣。
六四，簡取，利攸往。
象曰：非真簡，深所取也，利攸往。
六三，簡御，有得。
象曰：據以簡御，後鑑立往
九二，簡衍致局，亨。
象曰：以簡所演，深所衍，亨。
初六，體通之智。
象曰：體通近實而正義，有所智也。

陽辨：◎深簡，簡易深構，觀察點的訴求。任何複雜的情勢變化，都必定有深藏於其後的簡單結構，可供辨識。而感知的慣性容易牽扯複雜，遺漏簡單的根本，問題只在於改變慣性非常艱難，故深簡之圖，多以改變取象範圍，而求複雜態勢中，整體的關鍵所在。

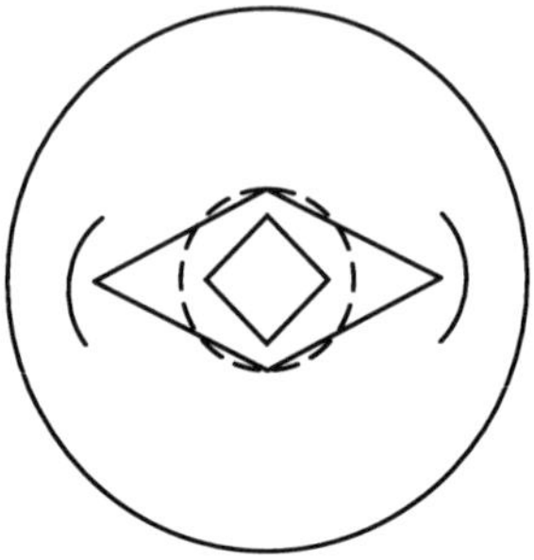

陰識：◎感知原本不是用來體會知識的，也不是用來觀察法則的，所以想要去建立一種情境，參雜了人性運作，卻往往帶來相反的情境，形成歷史的諷刺。當感知去聯想很多事態的表象的時候，越牽扯越複雜，實際上背後運作的法則很簡單，只是祂很深入於形上，無法直接體會而已。

潛蹇卦

潛蹇。往逆，非固，律異之艱，不利攸往。

象曰：潛蹇，始行有主，明鑑未必以律，深辨之細，候所易而知其轉律之徑，其涉之義大哉。

象曰：上睽下萃，潛蹇。學者以漸構始性。

上九，高始之主，貞固。
象曰：高始之主，其必維綱，貞固。
六八，漸入，緩塑。
象曰：始雖高，外數漸入，亦全所影，緩塑而未有一也。
九七，睽異，否行。
象曰：外麗之睽，應之以異，否行之勢。
六六，候易性，不利貞。
象曰：潛蹇之難，故不利貞。
九五，入仰求，往吝。
象曰：有應，入仰求，逆潛蹇也，往吝。
九四，隨引向，無整圖。
象曰：潛蹇漸構，隨引向，無整圖之律。
六三，整異有據，無咎。
象曰：整異潛蹇可釐，無咎。
六二，萃析，可構。
象曰：雖潛蹇難艱，萃析深刻，可構也。
初六，萃力之正，大得。
象曰：萃力得眾，之正位，大得其性。

陽辨：◎潛蹇，逆向訊息於，潛藏型態下的原始因素，其多向候變性。外界的事件，確實可以逆向影響潛藏者，然其接受逆向訊息之後，產生的變化只是在大數後面，加上小數，而需要視原始因素產生什麼層次的主動變化，這個小數才可能發揮出效果。

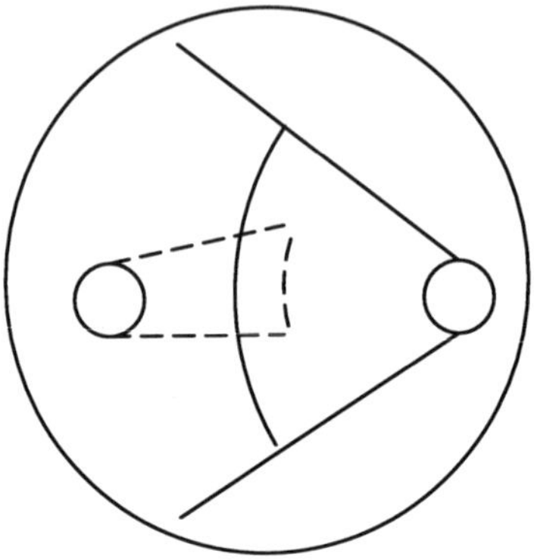

陰識：◎外在事件的宣導，透過某種管道進入原始潛意識區，比直接宣傳，還有效果，但是外在事件施入潛意識必定是間接，其影響後的反應方向，也不見得適切。◎日有所思，日有所遇，夜因而有所夢。然而所思不見得全然翻版於夢境，所遇也不見得都可以進入夢境。◎假設原始訊息的後續整化運行，對其結構來說，是一種指數關係、倍數關係、對數關係等等，那麼這個小數就可以發揮明顯的影響，倘若相對是一種加減論大小的關係，那麼這種影響就不會有多少後續回應。是故本身原始結構的自處，對於容易接觸的外界訊息而言，潛藏多方向的候變難度。

— -·- — -·- — — -·- -·- — 鎮惡卦

鎮惡。簡應，傾義不得，吝道矣。

象曰：鎮惡，簡窄之返，未至於鎮於性，雖赦所惡，而亦不可化，終有吝。

象曰：上睽下隨，鎮惡。仁者大體，不恤小哀。

上九，忖階候義。

象曰：智之大缺，教化阻矣。

六八，晦完之降，慎悠遠。

象曰：雖有浮華，狹而假矣，慎所悠遠。

九七，智簡返，貞固。

象曰：非可化矣，貞固。

六六，狹闇，迷吝，終不得。

象曰：雖足需於性，行義不可得，迷吝矣。

九五，刑鎮惡，無咎。

象曰：嚴而暫制，無咎。

九四，刑未饋，後凶。

象曰：鎮惡未深，本不固而濫，終凶。

六三，睽饋鎮惡，吉。
象曰：睽饋而新擬再塑，自擇以適，吉。
六二，總綱隨覽，利攸往。
象曰：隨覽而漸具，饋而得化，利攸往。
初九，釋始之激，不利貞。
象曰：取物性矣，惡可漸往，不利貞。

陽辨：◎鎮惡，意識的窄化返射。倚忖階卦，意識相對高階，是受情境簡化的，返行降冪就會窄化投射，意即接觸不一樣的情境，卻會被簡化成同樣的反射。◎嚴格說意識都是簡化反應，即使受高知識薰陶，簡化的程度仍然很高，又人性伏基乾綱原始，動物原始本性所因，當用更複雜的意識去面對者，很容易就簡化成性情的反應，惡行之緣，教化之阻，最大的根源在於此作。總綱上反饋意識而繁體化，是意識於文明之大旨矣，故曰：「鎮惡反饋」。

陰識：◎感知所延伸的意識，本來就不是用來追求法則的，故其取象，是在全方位的大體中，取象一個偏頗而可以成立的角度。如同照相機的感光角度，是在光的全方位漫射中，取一個它可攝清晰之度，而以為這才是真實。所以即便意識可以建立高於情境的精神架構，相對於變易全方位法則而言，卻脫離不了狹隘的事實，而有偏頗惡質會腐朽滅絕之狀。智能意識如此，所有的生命感官也都如此。生命只是變易體降幕且法則晦完之下，一個陰暗且片段的狀態。

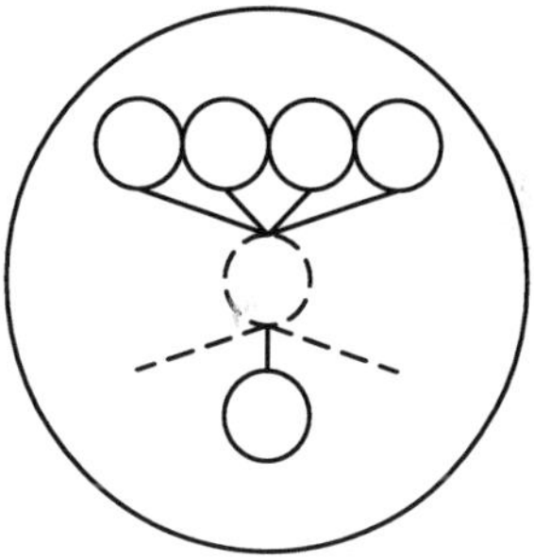

— -·- — -·- — — — -·- -·- 忖階卦

忖階。知亨，可為構學，之易行。

彖曰：忖階，情境降幕，思維反階，雖簡亦有所饋，無困，其所自降也。

象曰：上睽下咸，忖階。學者以學易濟世。

上九，忖階反易，利艱貞。
象曰：忖階之義，易容其反，利艱貞。
六八，舉睽反易，未可得。
象曰：雖以睽明，行冪有損，未可得矣。
九七，咸感知境。
象曰：咸感知境，其互饋也。
六六，陰感，貞固。
象曰：陰感於情，存於其慮，貞固。
九五，性睽，取艱。
象曰：性睽而必受抑，取艱。
九四，段檢象，有阻。
象曰：忖階求反也，故有阻。
九三，過冪之礙。
象曰：生慮雖生，過冪亦有礙矣。
六二，反健助，終可克。
象曰：作雖取艱，自反健以助，終可克。
初六，忖階兼構，入易大得。
象曰：其難重矣，勤不恤吝，入易大得。

陽辨：◎忖階，思維是先天簡化的高階形式。思維實態情境，如同被微分破壞的，高階簡單訊息，假若積分回覆以展開，則失去明確的位置，產生替代變數，段檢卦所源也。此即思慮與變易體，唯一接軌階之維層。

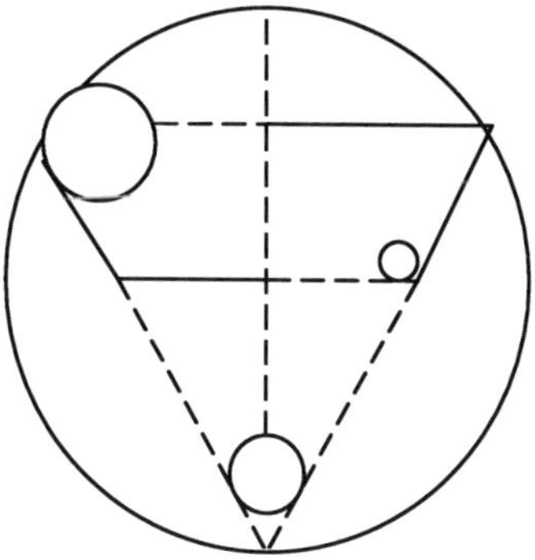

陰識：◎倚經繫卦，對現實情境來說，思慮形式單維簡化，卻是高階形式，雖可以連貫，但無法全然據通。◎思慮與變易體接軌之維層，在思慮自己也同時變易，而對情境交相反饋。雖不可能把本身思維形式，躍回極端複雜狀態，但是運用這種高階交集，與反饋情境之義，人的思維能力，是可能勾勒變易體的大行所在。

— -- — -- — — — -- 爾垠卦

爾垠。無顯其界，迷不返，終不致，往吝。
象曰：爾垠，智之區位，爾見所垠，廣其攸，有不及，深其鑑，有所失矣。
象曰：上睽下大過，爾垠。智者以知位而思。
上九，觀儀有睽，利攸往。
象曰：有睽，異以有同，利攸往。
六八，易位差，天禁所智。
象曰：象變攸往，天所禁錮矣。
九七，爾垠行失，往吝。
象曰：爾垠行失，無可逆，往吝。
六六，爾垠之惘，無咎。
象曰：智有不及，其然也，無咎。
九五，識遺漏。
象曰：識遺漏，其入不盡矣。
九四，固鎖界，終不得。
象曰：爾垠執作，固鎖界而未外探，迷義，終不可得。
九三，相形冪，元亨。
象曰：易以相形，其冪展往，元亨。
九二，大過慧演，吉。

象曰：其爾垠以展，識亨，吉。
初六，爾垠之現，慎知。
象曰：所知不可為永恃，故其慎矣。
陽辨：◎爾垠，智能所在的變化位階。智能的活動只是生命延伸的一個層次，也必然只在降冪當中一定的情境區間範圍內，超過這範圍之外，智能必無可及。◎倚忖階，對意識來說，情境雖然是可以被理解的死物，然而卻必會被意識所簡化。故智能所以情境返取，其活動區間，必定在情境與變易之中往返，而無法超越這一段連冪範圍。

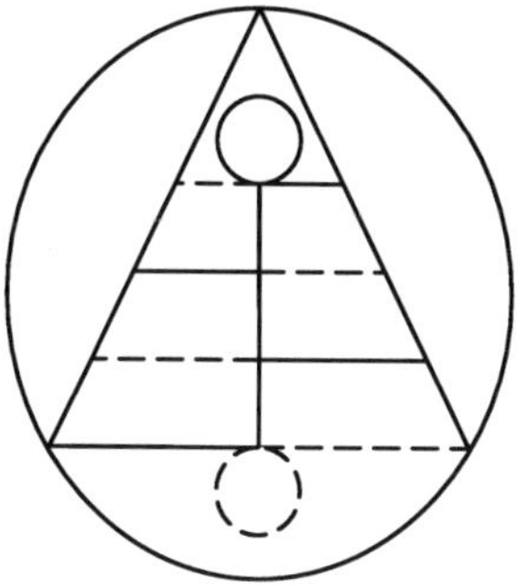

陰識：◎海茲堡不確定法則，亦據物理學所述，粒子的速度與位置，不可能兩者同時觀測到，此未必僅於量子之論矣。所處的正常情境觀察，也限制在此兩極相作之下。求精確知以深知，卻混亂而無序，僅於秩序去理解，卻必有不知情之處。此如惘跡卦，遠近離合之所限也，類似於數千年前，天體理論尚未成形之時，大家無法理解為何有日蝕一般。

扇絃卦

扇絃。全亨情核，取象緯合，大利攸往。

象曰：扇絃，過取節階，經緯取象而情境展合，以可取連探易，故大利攸往。

象曰：上睽下夬，扇絃。智者以謀劃求易。

上九，情核辨遠。

象曰：其必引合取觀。

六八，開闔鑑項，元亨。

象曰：扇絃開闔，兩儀映取，近易也，元亨。

九七，連索速合，後可涉。

象曰：速合而有大展，故後取可涉。

六六，扇絃謀既。

象曰：其以近易，顯情以謀，利悠遠大制。

九五，經緯曲連，利涉大川。

象曰：曲連而辨所開闔，故利涉大川。

九四，睽本同，元吉。

象曰：易可代鑑，元吉。

九三，暌雜取合，利艱貞。

象曰：取象異碁，暌雜取合，扇絃高與，利艱貞。

九二，扇絃代一。

象曰：代一，而其非實也，僅於代，不利涉往。

初九，夬決象端，亨。

象曰：夬決象端，以利所取，亨。

陽辨：◎扇絃，任兩種取象方式，必可連與索合，構組整體變動的經緯曲度。即使是兩種截然不同的事件，存在於相距甚遠的時空，變易扇絃，仍然可以取合兩種取象連與索合的統一態勢。故曰：「經緯曲連」。

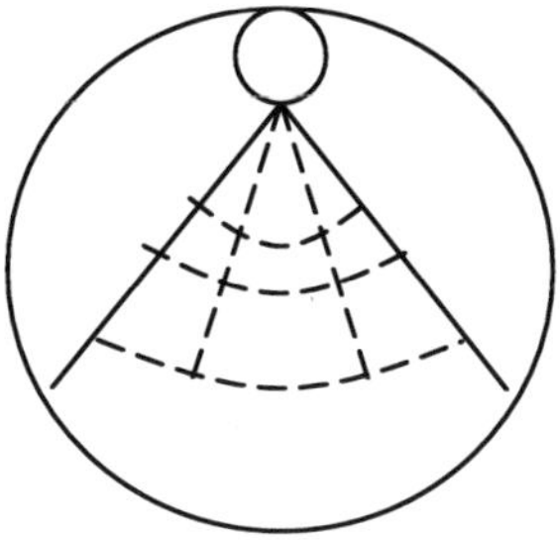

陰識：◎取象方式包羅在思維之上。若物質之間不同的取象方式，而能成物質法則的歸納。

不同生物型態的取象方式，有一種整體生態系統。則任兩種思維態勢，也必存在連與索合。從扇絃之合中，求展而測易。故次易陰陽開闔，以連亨取象卦觀。

闢履卦

闢履。極健越阻，識悅而新觀。

象曰：闢履，破固汲至，雖暫而限履，欣旅，可大往其志也。

象曰：上旅下損，闢履。智者以履闢新知，濟其志。

上九，性觀形層，貞固。

象曰：形層之固，牢近而難輕越也。

六八，越觸新闢，亨。

象曰：阻生而越之，觸易新闢，亨。

九七，思旅益處。

象曰：旅生闢徑，思以益處，尚合本志也。

九六，鮮闢，未位。

象曰：本未及位，鮮能有闢。

六五，新識求履，利艱貞。

象曰：闢而新識，求履之，利艱貞。

六四，聯識弗損，吉。

象曰：既得鬫履，雖有損形，聯識弗損，行以利志，吉。
六三，遇機求履，見愕。
象曰：成者見愕，求履，亦不可速得矣。
九二，激越鬫履，可喜。
象曰：用機而激越，似得鬫履，雖不真致，亦可喜也。
初九，增益鬫履，元亨利貞。
象曰：高形增益，可展鬫履，元亨利貞。

陽辨：◎鬫履，短暫臨易的情境重整之途。除了基於累積過去到現在的情境感觀成立，更受到物種結構的限制，在常態的狀況下，兩大形成層交相控制，沒有辦法擺脫這種軌跡。只有在外界變化與內部極端動健型態，契合的短暫時刻中，可以得到新定義認知的短暫臨場感。◎然而人對於這種新的定義，不見得能擴增多大的效果，如同猩猩雖然學到人的一些淺薄技巧，卻無法累積自己的「文化行為」。在物種的先天限制下，除非有常習的環境，更頻繁地將這種「鬫履意識」，相互關聯，並用某種新的方式記錄。就如同從猿到人的艱辛演化過程一般。

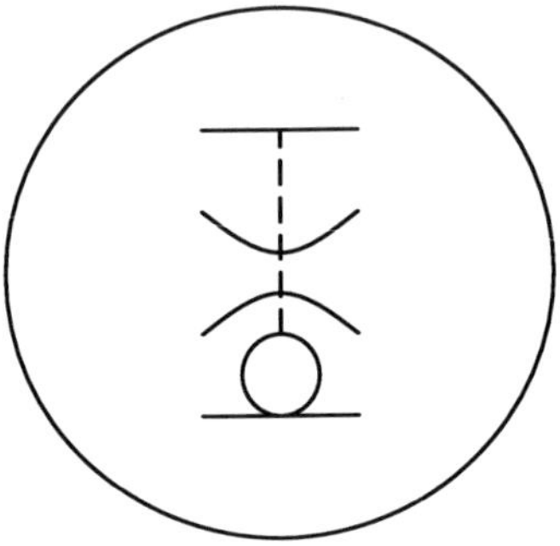

陰識：◎倚分樞之證，當我短暫把速度變易當作主體意識，呈現的是那種景象，那麼假設把另外一種變易當作主體意識呢？人具有極短暫脫離現有意識，而開闢另一種意識認知的能力。◎在歷史中，有些人會把這種狀況當作神蹟，或是什麼天啟。實際上只極短暫脫離常習思維軌跡而已，雖然少見，卻不是什麼了不得的事情，如同猩猩也可以在特殊環境下，很有限的範圍內，學習人類的智能。

— -:- — — -:- — -:- — -:- 質鋒卦

質鋒。曲度偏象，發有陷機，終不久取。

象曰：質鋒，質隱而鋒顯，則曲弼易，其所攸往，執陷而終失，慎所恤矣。

象曰：上離下未濟，質鋒。智者以直後衍。
上九，弼脈，不利貞。
象曰：未涉大體，故不利貞。
六八，質鋒大克。
象曰：大克而上因，有得。
九七，則曲，弼於易。
象曰：弼於易而則有複擾。
九六，擾所則，不利往。
象曰：其失往喪驗，故不利往。
六五，鋒發，未臻辨。
象曰：鋒發非質，未必利機也。
九四，人曲，征凶。
象曰：其偏陷顯發，而未恤險近，征凶。
六三，質鋒蓄亨，利艱貞。
象曰：其蓄雖有曲困，易降終亨，利艱貞。
九二，未濟暉吉。
象曰：以質為蓄，象未速顯，終可取，吉。
初六，枝所鋒，大利攸往。

象曰：質固而枝所鋒，得義也，大利攸往。

陽辨：◎質鋒，法則曲度，先直質而後偏鋒。任何體具之演變，無論其演變的時間是長是短，必然先形成本初之直質，而後產生變象偏鋒，而有本性的逐漸改變。支持其存在的法則，在演變中必因此有扭曲之度，而成為變易體的弼脈。

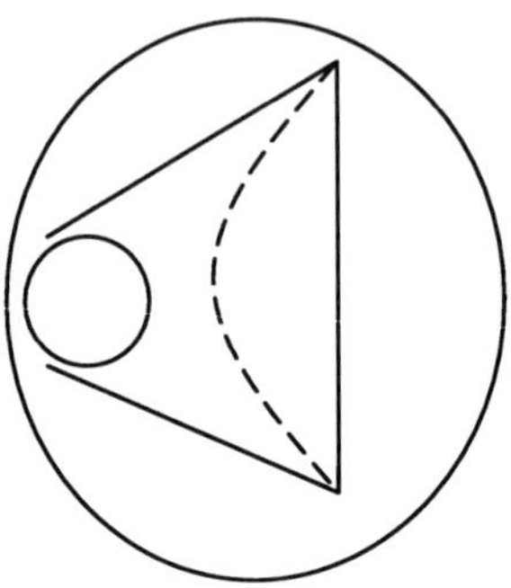

陰識：◎設計一態，必有直質之存，而後揚飛其偏鋒的展現。所以展現出來的的任何優勢，都是偏鋒末端，而沒有絕對優越之機。◎所涉之質，合近法則越深，越隨之可曲，從而可以展現更多的型態偏鋒。

⚊⚋⚊⚊⚋⚊⚊⚊⚋　圉嶺卦

圉嶺。定位取象，近識之亨，不利悠遠。

象曰：圉嶺，上元無形，情境圓代，以定所位而元圉嶺固，終不利辨臻易。
象曰：上離下鼎，圉嶺。易以降位故情，變積始行。
上九，無位。
象曰：不入於情境，易無位。
六八，圉嶺位定。
象曰：圉嶺相形，以取位定。
九七，取位近識，貞固。
象曰：取位之亨，近識有期，貞固。
九六，圉嶺璇影。
象曰：璇影非實，遠有乖離。
六五，圉嶺大體，吝固。
象曰：其位以取，不恤另位，吝固。
九四，位數辨塑，亨。
象曰：雖不近易，升岔有限，辨塑近功，亨。
九三，鼎位艱固，不利攸往。
象曰：其艱於淺，雖固，不利攸往。
九二，反旋另位，往吝。
象曰：雖有反旋另位為啟，位亨等一，綱體未整，往吝。

初六，始位之綱。

象曰：圉嶺積始，成所綱脈。

陽辨：◎圉嶺，影易六十四卦之一，圓切而螺旋，相對圓切而雙螺旋，螺旋而定義方向性。降幕的過程中，情境體的方向定義，對變易而言，方向並不需要參考物，它只是一種變化的璇影。故曰：「圉嶺璇影」。

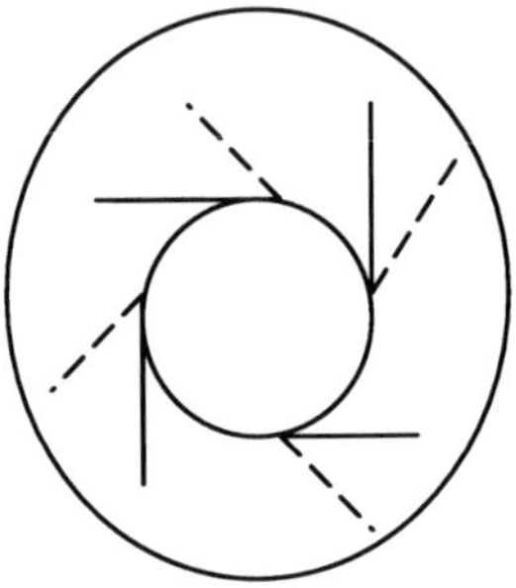

陰識：◎元，或一，節階組合的分水嶺。任何的精確定義變易，都是曲解，或是都需要曲解。等價中累聚所有的分化，運行動態，才產生相對性的定位。◎圉嶺分衍情境各事態，假設這階段原始狀態，有機多變，下階段就穩固，再下一階段又容易變化。圉嶺於型制數制，昱晃之義大矣。

 節階卦

節階。二位降一，以成一義，降終有階。

象曰：節階，慣性節階，連冪受一，以理之所終，而映求易體，極於兩儀。

象曰：上離下大有，節階。學者以定成一義。

上九，至理幽閉。

象曰：其已過階，未可映矣。

六八，變涉取義，亨。

象曰：其以圜朝列階，變涉而節階取義，亨。

九七，映極兩儀。

象曰：以終映其初，限於兩儀。

九六，爻階制亨，利貞。

象曰：所一廣而爻階制亨，次易間形，設大艱，利貞。

六五，仰麗，終不得。

象曰：其仰麗而不實涉矣，終不得。

九四，節階窄局，不利悠遠，終厄。

象曰：以為大麗，實溺窄局，不利悠遠，終厄。

九三，大有上義。

象曰：以假一義，大有上義以辨易。

九二，二位建綱，元亨利貞。

象曰：順降而建綱成健，取一義也，元亨利貞。

初九，掐縼辨一。

象曰：以二為一碁，掐縼元役。

陽辨：◎節階，影易六十四卦之一，慣性結節成階。二進位體系下，每一降階都有加減亨通的辨識法。投射於實際的情境狀態中，許多訊息已經在底下運行，然而上階者卻不受影響，最終無法克制地，有所損滅，而展現節階狀態。

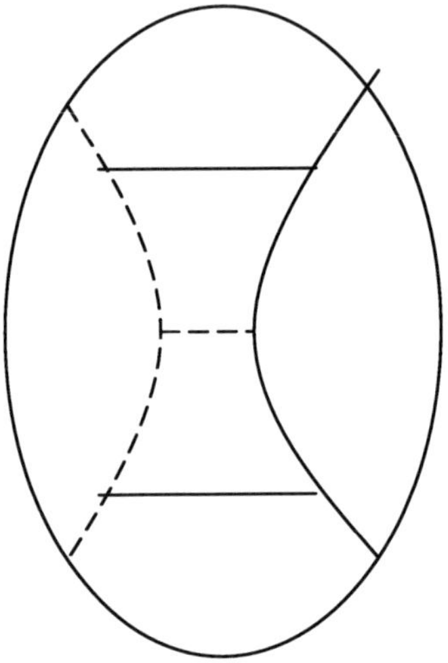

陰識：◎是故，權力的時義到達不了文明時義，文明時義到達不了物種的時義，而定型在一種取象狀態中，成狹窄的格局。◎降幕中，階段無窮的釋放，若我真的存在，代表過去

與未來的情境潛伏，都已經定型，存在了很多自擇與慣性的聯次。是故智能的極限發展，必然是自身具存的取象感知，不斷地分解重組，求近于莫卦形上相映。

— -.- — — — -.- -.- -.- -.-

臠炅卦

臠炅。透取儀映，而臠憲半限，半限而大失，終吝。

象曰：臠炅，易臠情暱憲，所不予，自辨適性，終與徑，其片構取動，亨。

象曰：上鼎下觀，臠炅。智者以雙錐復炅所知。

上九，易饗錄臠。

象曰：其儀複合於情境，時空暱與。

六八，臠陷暱境，慎恤。

象曰：似炅明，實陷暱境，慎恤。

九七，廣徑間辨，無咎。

象曰：不固於型，而自構，無咎。

九六，臠炅半適。

象曰：半適之限，實大失也。

九五，觀儀炅，利艱貞。

象曰：上觀雖儀，所取象亦限，利艱貞。

六四，雙錐溝溺，利貞，利攸往。

象曰：以半而活半，貞可攸往。
六三，鼎是視，元亨。
象曰：其有上取，元亨。
六二，片構近元，吉。
象曰：半適必基片構，近元而吉。
初六，炅影，利悠遠。
象曰：炅影而儀入自取，其辨，利悠遠。

陽辨：◎黲炅，影易六十四卦之一，兩儀架構下，動態與靜態的，雙向透視取象。倚情核卦，知識的保存只是靜態的軌跡，去透視動態，而反向弧築解構。然而動態軌跡，也存在透視靜態之徑。知識的保存，只是彰顯一半，可運黲的片段。僱曰：「黲炅半適」。

陰識：◎對變易而言，知識本身由一架構，只能適應很片段的變化。而常習的知識方式又只是雙向取象的一半。取象方式的一半，則運行程度更加窄化。又是片段中的片段。◎知識的定義，必然返回感知的原始狀態，而重取雙向的自擇軌跡，同衍於映，才是知識的整體範圍。◎自擇與慣性的相合聯次，如同時間與空間合成情境體。變易亨是之同，非僅於所適性之鑑。

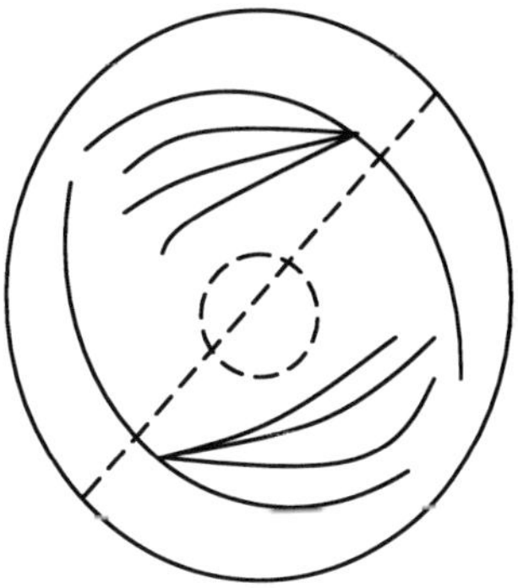

— -·- — — — -·- -·- -·- —　股積卦

股積。一不存，積組而返易，其等能。

象曰：股積，其所能，返祖而成辨，以攸慣性，位貞而不利攸往。

象曰：上鼎下益，股積。勇者以擇仁智。

上九，虛沌高錮。
象曰：其無一之錮，永不自由。
六八，股積求返，元亨。
象曰：無一之依，積而必返，元亨。
九七，無一禁錮，厄。
象曰：其位不存，積組而返，不可脫越，厄。
九六，股積蓄歧，不得。
象曰：似異歧，實返位苦期，故不得矣。
九五，股積返祖，偏而尤，終凶。
象曰：其位未大過，返祖曲始，不是擇，終凶。
六四，鼎所能，貞固。
象曰：雖固，而不利悠遠。
六三，隔返匯辨，亨。
象曰：必有返，隔所單位，亨所辨矣。
六二，序一之恤，無咎。
象曰：序一之恤，以觀所期，無咎。
初九，股積激越，利涉大川。
象曰：其激越自擇，徨儀行維，可破越矣，故利涉大川。

陽辨：◎股積，成股積能之辨。虛沌無一下，定義「一」的潛力，就在於其累積組合狀態後，所發揮整體動健的型態性質，是否與組合定義「一」的更基礎單位，發生同型，也就是組合的隔代返祖。故曰：「股積返祖」。

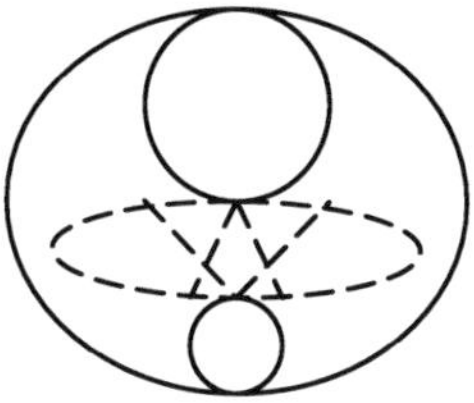

陰識：◎倘若返回與「一」的更基本單位，發生相似同形，代表這種「一」的定義潛力，並沒有真的擺脫自我慣性之能力。陷溺於囹嶺璇影所承之歧誤。

一 -:- 一 一 一 -:- -:- 一 -:-　絕踐卦

絕踐。引一不既，踐必影映。

象曰：絕踐，亡一不積，降衍其絕，所踐偏取而乖節，不利攸往。

象曰：上鼎下渙，絕踐。智者複辨歧一，以核實。

上九，歧一之奠。

象曰：雖勤恤，易不可既矣。
六八，絕踐網流，元亨利貞。
象曰：一有複，易等價而必網流，艱以恤，元亨利貞。
九七，絕踐陷迷，往吝。
象曰：似以見麗，變之陷迷，絕踐制矣，往吝。
九六，合組增損。
象曰：一曲合組，行增損矣。
九五，絕踐塑弊，凶。
象曰：歧一而絕踐，必塑其弊，凶。
六四，絕踐核實，利攸往。
象曰：雖非貞固，核實以增益，利攸往。
六三，對等虛實。
象曰：一曲對等，虛實影映矣。
九二，鼎於一，利艱貞。
象曰：處於淫期，鼎於一合，利艱貞。
初六，複合影存。
象曰：所存非純一之塑，絕所貞踐矣。

陽辨：◎絕踐，影易六十四卦之一，一與一之間的變動意義。無一的狀態下，定義任何的一，必然無法靠這個一的累積，來概括無窮。定義任何的一，必然也可以產生另態的一。兩種一，各自的組態不會有交集。即「對等生虛實」。

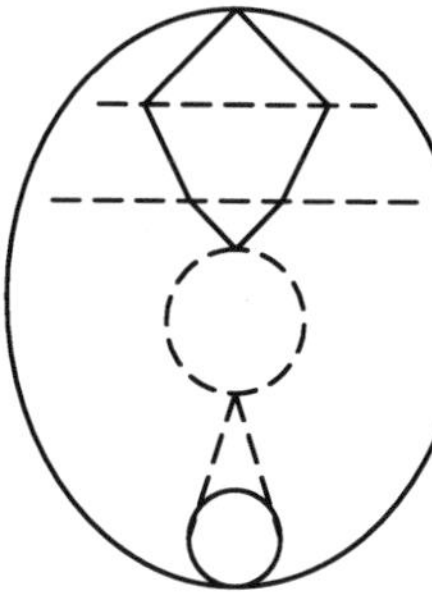

陰識：◎無一的狀態下，定義的「一」，亦可以組態而產生，另一個層次的「一」，而形成其型態複雜的增損，以及意義的多層次性，與相互之間複雜的牽連性，即「組合生增損」。而不是單調無窮地累積數字而已。故所在的現實，有眾多「一」形成的層次意義，與相互組合的增損值。◎數學會產生：負數、分數、虛數、乃至於流數微積分的觀念，根本原因都在於，真實狀態下一與一之間的性質，並不是全等的，都會被同時間定義出來，相互產生複雜的關連性。

一 -:- 一 一 一 -:- 一 一　皇籌卦

皇籌。宏格之籌，無時象，大形悠遠。

象曰：皇籌，動健變式，以無時象，大形虛逝而起悠遠，求上即皇而可大制也。

象曰：上鼎下小畜，皇籌。學者以易為籌。
上九，遠及無時。
象曰：皇籌而宏，以無時恪，文遠及也。
六八，鼎格大麗，元亨利貞。
象曰：其皇籌所統，元亨利貞。
九七，皇籌敕時，大利悠遠。
象曰：化之以悠遠，志行大也。
九六，皇籌統遠，利艱貞。
象曰：聖行世作，德高制艱，雖無可機，利艱貞。
九五，小畜合志，利涉大川。
象曰：皇籌教化，小畜合志，動健行矣，利涉大川。
六四，動健格行。
象曰：格行，籌有御矣。
九三，皇籌尊文，貞吉。
象曰：其籌必倚文得，貞吉。
九二，逆降之格，沒鼎矣。
象曰：雖勤固，逆降，其有厄，有鼎亦沒矣。
初九，愍制自限，終凶。

象曰：自憂不得，以所自限，終凶。

陽辨：◎皇籌，建籌型態格局的極限。格局，動健的目標式。在變易的層次，時間沒有意義，那麼動健最高的目標式，時間尺度沒有意義。而自己所能意識到的型態變化，再怎麼精密料算，也必定有時間尺度界限，超過此時間尺度，那麼就不是智能所能預料。然而這只是智能不能料算，卻不是包含自身變化在內的整體變易的規格，倘若由此而自限鑑識與行為，那麼「格局」這種相對的變式，就等於相對窄化。任何的大事件建籌，必有超越時間尺度者，故曰：「皇籌敕時」。

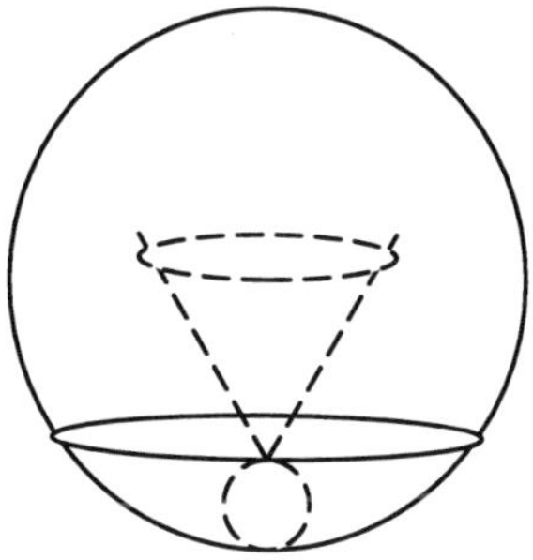

陰識：◎建立格局極限，未必就能讓型態演變。然若格局自限，則自身所處的情境型態，就肯定不會有強大的演變動健之能。倚沁勯卦，原力的組取，必有互滲之行，皇籌之至極格局，為型態動健的先抉矣。◎三皇五帝，處於洪荒石器的時代，然勤恤體會自然，不恤人為慾望偏向，終以德育中華，而近代處於科學物態之人，未必能如石器時代之祖。

末制卦

末制。乾作而不即始，起維新義。

象曰：末制，乾作之末坤解之起，始義雖制，易轉而不能演之，求明新義矣。

象曰：上大有下姤，末制。易以周成智能，型與末態。

上九，靈極降初。

象曰：其太極是成，末制以遵易矣。

六八，綱受降，始義不即，往吝。

象曰：坤起作，始義雖制而有不即，往吝。

九七，末制成態。

象曰：成態，以情境有往。

九六，增演之易。

象曰：雖亦乾健，而降解，是以增演以易。

九五，大有事行，元亨。

象曰：末制之行，始義不固而衍，元亨。

九四，始義綱解，往吝。

象曰：姤阻矣，往吝。

九三，末制之姤，綱解存動。

象曰：末制之姤，亦行健也，雖綱解，升制以大有之，故而存動矣。

九二，末制分健，我以懲制，大利攸往。

象曰：以末制易脈而懲制，得體矣，大利攸往。

初六，義昭智行，有得，貞吉。

象曰：降末而以義昭，智可大演而行，有得，貞吉。

陽辨：◎末制，健行於末，乾綱始義所不能至。◎事態之驅動與演變，都為乾健所行，然分制始末二元。驅動之健，始態為強，降解弱也；然入之於型態演變，坤降強作，其乾健失綱，始義不能制矣。古太極因形求易，雖益於學，然實落於易外雜學，而未涉本易之深學矣。

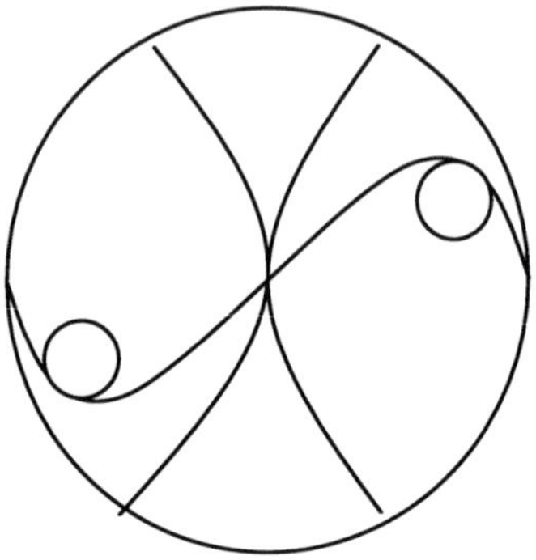

陰識：◎智能是從生存意志中，後來增演的，在驅動中需要意義作為核心，原始意志的利益，雖然有較強的趨動力量，但沒有使智能演變為極緻之能力。是故使用原始的物欲，可以當作驅動意志很強的動力，卻不能當作演變意志成為高智能的塑造力。

䷪ 萼綱卦

萼綱。之倚，陰陽蔽顯整一，不體之失，吝。

象曰：萼綱，義構網行，陽彰情境而陰蔽易體，大中應往，慧亨，利涉大川。

象曰：上大有下乾，萼綱。智者以深設其業。

上九，易倚降。

象曰：大降，維所萼綱。
六八，隱蔽關，貞固。
象曰：陽彰下而陰蔽上，綱義矣，貞固。
九七，至蔽萼綱，大吝。
象曰：其蔽可析，必有上制，智不得，大吝矣。
九六，甚知慮，引有得。
象曰：待時構解之，引有得。
九五，實計大有，吉。
象曰：萼綱設用，知作，實計大有，元亨，吉。
九四，漸萼綱，大有得。
象曰：合律構整，可慧矣，大有得。
九三，深複綱蔽，利艱貞。
象曰：不顯慧構，大有之用，利艱貞。
九二，僅托，失矣。
象曰：無就律，有欲而僅托，必失矣。
初九，受蔽萼綱，厄。
象曰：迷顯華，不求律，其道厄也。

陽辨：◎蕚綱，變易高運的倚托綱絡。高階複雜的物態運行，在低階的情境彰顯之中，不可能結構直接通行，而必具備一種倚托銜接的綱絡，以展行易體之運。同時在情境體彰顯時，產生變易體的隱蔽。曰：「蕚綱隱蔽」。

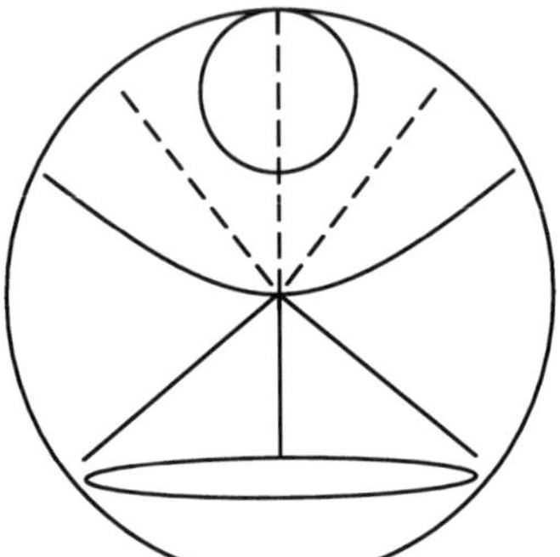

陰識：◎事態背後的自然法則，並不會很明顯展開，而必需在各項變化規則中，逐步拼湊出一個層次的概略耳。◎過去任何設計概念要落實，必定有施行綱絡之托。然而倚忖階卦，思維既然亦相對高階，那麼真正高明的設計，其核心必定比外觀更加複雜，銜接更多層次之思維，而不是簡單的一個目的性而已。且其展於陽顯可見的情境中，綱要必定能，反陰隱蔽根本設計。◎次易之著云：至理、變易、情境體降幕之分，是次易觀察易義而展分，實際上是一連串無法以智能探盡的縱深連幕。最根本的變易到至理的連幕中，勢必也有更高維度或層次的「蕚綱隱蔽」，故云至理體具有，絕對的遮蔽相，很可能宇宙中所有最高明的智慧生物，以各種不同角度探索，都無法穿越。

迴晤卦

迴晤。失象儀，不識之鈍。

彖曰：迴晤，巡行變顯，異同失檢，實同象迴晤而未鑑，往不慎，終不可得。

象曰：上觀下坤，迴晤。智者以觀式制通。

上九，易複顯。

象曰：無取時位，易制複顯。

九八，同象迴晤，艱貞。

象曰：觀易之體也，艱貞。

六七，情漸失度，往吝。

象曰：失度，求律之不得也。

六六，具情上觀，無咎。

象曰：既有制，具情上觀，無咎。

六五，觀式，以象。

象曰：迴晤觀式，必以象起。

六四，迴晤之輪，有得。

象曰：知所亨，究其學，有得。

六三，求實循，利攸往。
象曰：迴晤亨一，求實循，利攸往。
六二，晤易不數，厄。
象曰：失智棄識之甚矣，厄。
初六，深象，得所求。
象曰：極觀義以易律，得所求。

陽辨：◎迴晤，變易體複顯之徵。變易至情境的連冪下，相同變化在不同的時間發生，實際上只是變易體同一象位重複展現；然而對連貫的整體情境來說，不同時空中類似事件重複，螺旋式的前進與聚散。曰「同象迴晤」。

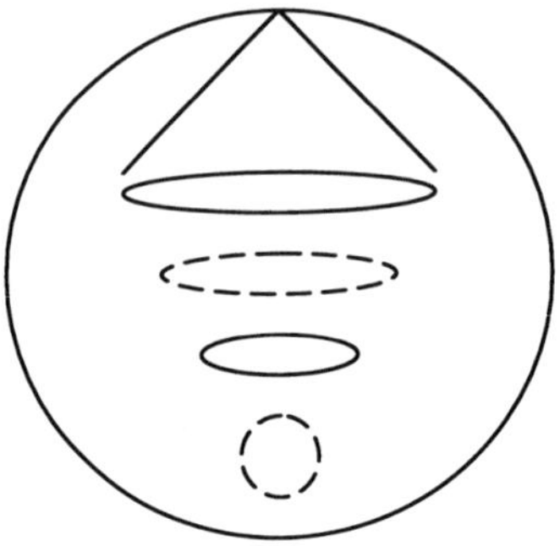

陰識：◎實際上是同一件事，若發生在不同時空，則會被不同解讀。乃至同一句話，同一個聽者，出自不同的人說出來，效果也截然不同。情境的迷思，導致人的意識，論「同」與「不同」都無法明定。◎以極限同象迴晤所觀，情境背後的法則皆可為一象位，故變卦輪間相循，所有循環都是連通而複作者。

廣靜卦

廣靜。識流外構，成廣義，大利構虛。

彖曰：廣靜，識外之靜，俱定象則鮮可至，故識流求外，真靜矣。

象曰：上觀下復，廣靜。智者以得律外之識。

上九，慮形無果。

象曰：深慮，以網形，無果律也。

九八，識流構靜，自得之。

象曰：構靜，自得廣義也。

六七，連象復觀，不省，厄。

象曰：連象不省，復觀難入，厄。

六六，冥維廣靜，元吉。

象曰：維象皆沒，體真靜，元吉。

六五，識流後悟。

象曰：識流，亦我體也，後悟矣。
六四，因復，貞固。
象曰：無求其果，因復可識，貞固。
六三，輪復，無咎。
象曰：輪復而義廣，雖不克，亦無咎。
六二，廣律，元亨。
象曰：雖未可盡識，亦相形可近也，元亨。
初九，絕識之定，真智。
象曰：已無固識，真進大智矣。

陽辨：◎廣靜，意識流的絕對靜態，以構因果之外之境。常習認知，被僵化在定象當中，當被變動中的「現在」所定義時，本來只是單純的情境意識勾連，會被套入「因」與「果」的定象。從而廣大且高速的輪致動態，與絕對靜止的廣靜靜態，我們的意識都很難涉入。◎是故總體來說，整個被定義的因果脈絡，只是一種相互無窮連通的意識流，在整個流動架構之外，必存在一種，常態意識極難到達的，非因果的絕對靜態，即變易體之一端。故輪致、廣靜之時義大哉，隱錄而義其所實。

陰識：◎金剛經，無得無說第七：「須菩提，於意云何？如來得阿耨多羅三藐三菩提耶？如來有所說法耶？須菩提言：『如我解佛所說義，無有定法名阿耨多羅三藐三菩提，亦無有定法如來可說。何以故？如來所說法，皆不可取，不可說，非法非非法。所以者何？一切賢聖皆以無為法而有差別！』」◎倚此變卦，對於「果」的意識定義，都是運用流動當中的「現在」，來作為展顯之基，「現在」既然是不斷變動，所以「果」沒有絕對的靜態，可以說「果」也可以當作是「因」。所有的因果網，都只是意識等價的連結而已。

刻位卦

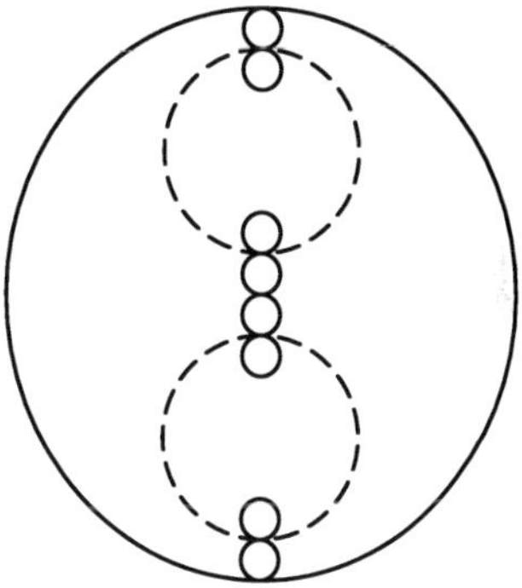

刻位。觀象位義，煜窮形，不達。
彖曰：刻位，象位無窮矣，煜而不體，人知不達，雖濟助於學，往吝。
象曰：上觀下師，刻位。學者作而不述。
上九，虛煜，識未至。
象曰：刻位求利，虛煜矣，非誤，識未至也。
九八，累計置方，利艱貞。
象曰：以求不易，得近其律也。
六七，觀塑，失律，厄。
象曰：靜位不測，故失律。
六六，刻位聚觀，利貞。
象曰：雖煜不體，聚觀近易，有得，利貞。
六五，象形先累，利攸往。
象曰：其趨同義，攸其所行。
六四，放象之究，往吝。
象曰：學觀失次，偏鄙不達，往吝。
六三，兵師啟術，無咎。
象曰：師其啟，雖偏行，利致刻位也，無咎。
六二，彌體大映，入鑑，亨。

象曰：彌宏同微，大映觀易也，亨。

初六，隱學後作。

象曰：避所觀以隱學，後作而不失績，刻位可涉矣。

陽辨：◎刻位，時空同義之下，情境的顯與伏，兩者連結形態。情境為變易之伸，是故情境顯伏是動態的，連結形態則因此不僅於一位之象。◎從個人的遇遭到自然的遇遭，具有諸多層位，即使將諸多層位形態刻劃完整，也尚有相互干涉之效。故刻位以求利，非不可得，實所知基礎尚不及耳。

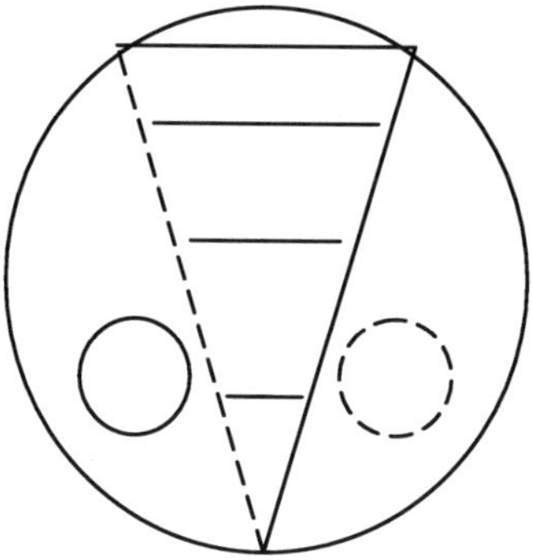

陰識：◎風水之說確實存在，然道聽塗說，刻位偏矣。其根本在於存在的一切，都是中性無義且等價，而在相互關聯之後產生性質。人所居處、行動、性格、意志、人際關係等等，皆有所存之位，所面對的變易存在之刻位，大多數都無法靠直接的觀察看出，況乎有隨時改變的動態，存於其中。又依其慾望或意志，不容易統計出一種方位，不見得適於任何人。且外在的變易，與自身判斷，在不同的時間點各有長短，無法接近等價的本質意義。除非自身存在變易所演一切形態都能夠觀察，不然風水跡設，改變的因素甚小。◎存在者，外無窮於宇宙，內無窮於原道。一步外刻，則一定內位，所存形非僅眼見具象，旨於所情境層析所易相映矣。

⚊⚋⚋⚋⚋⚊　孤域卦

孤域。於行，以啟易，利艱貞。

象曰：孤域，行必亨，孤獨相以處時，於運啟易，其域大真，利涉大川。

象曰：上觀下臨，孤域。智者以啟易文明

上九，孤觀，啟識。

象曰：其觀，無眾害，無利擾，可啟大識也。

九八，臨等，元亨。

象曰：孤域之價，臨等必存，元亨。

六七，位政，臨不取，終凶。

象曰：臨不取，賢遺而國深畏，終凶。

六六，棄孤，終無得。

象曰：自失所能，終無得。

六五，利讒，鄙阻。
象曰：孤域有能，人利以讒，鄙阻之害也。
六四，孤域既相，無咎。
象曰：雖既相，不見用，深取義，無咎。
六三，眾觀識，毋恤。
象曰：健不至，未必行，毋恤。
九二，孤域氤氳，貞厲。
象曰：啟易形，雖亨，未必義，貞厲。
初九，高權孤域，行異，吉。
象曰：高權孤域而有位，有大啟，必行異以震眾，吉。

陽辨：◎孤域，孤獨領域的大通契機，而利行啟易。所有的情境在變易之中都有位階，一個體置之於孤獨領域中，必潛藏與所有大體等同的變易位階。大體時義後續的啟易之作，由此而行。◎多數不符於意識偏好的情境，容易見棄，從而大失可入之機，亦失等價適作的原則遠矣。

陰識：◎孤獨相佔有絕對的啟易優勢，然而多數人並不喜此情境，而偏取合眾附眾之利；這種情況只是延續人類在原始獸性時代，以利生存的自擇本性，對已經建立文明狀態的客體，並非全然有利。觀世界各文化史，影響後代甚大而建制文明的先賢，沒有靠附眾、合眾而得者，其成果都是在孤獨相時刻中建立。

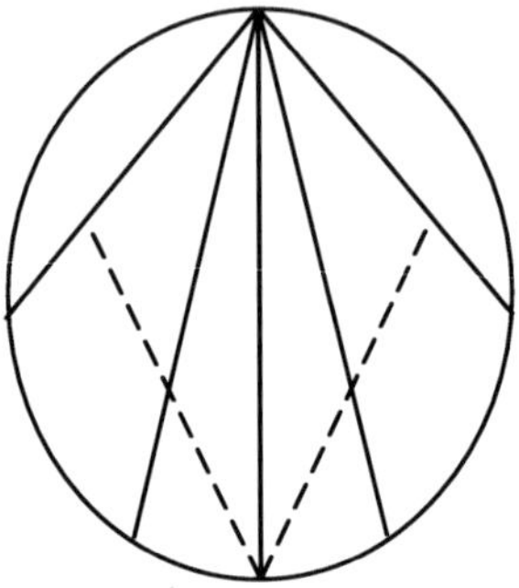

 天阻卦

天阻。動健上制，是以阻，不利攸往。

象曰：天阻，上制無窮，形窮而不可及，此動健之阻，故乾有新體。

象曰：上觀下泰，天阻。智者以編程慣性。

上九，天阻無極，往吝。

象曰：無極之降，必有上制，則天阻，往吝。

九八，觀所慣性，利涉大川。
象曰：觀行於往，所慣起取，利涉大川。
六七，天阻慣棄，貞固。
象曰：其必然，雖知而不當，貞固。
六六，克慣性，利艱貞。
象曰：得其慧也，尚未近利，利艱貞。
六五，天阻編程，吉。
象曰：天阻編程，取眾慣而一制，吉。
六四，泰進，貞吉。
象曰：編程而隱作，泰進也，貞吉。
九三，虛絡無域。
象曰：天阻而無窮，虛絡廣遠而無域。
九二，設異兼納，利攸往。
象曰：不溺己故也，有所鑑取，利攸往。
初九，溺慣之棄，終凶。
象曰：其棄，往故有吝而不知，終凶。
陽辨：◎天阻，無窮中慣性的不可及性。任何的慣性運行，必定有無法觸及的虛逝脈絡，即很多可相容而產生的事件，最後都會因為此，而在慣性中放棄。◎道先無窮而降冪，當改變了某種慣性之後，卻仍然具有動健乾綱，必定產生新的慣性方式，而重新決定新的存在形態。則在原有易經乾卦，動健的運行之下，慣性相對它就具備無窮之性。所以無論怎麼完善架構，本身慣性的多變方程，也必定還有相容的虛逝脈絡，是被遺棄的。故曰：「天阻慣棄」。

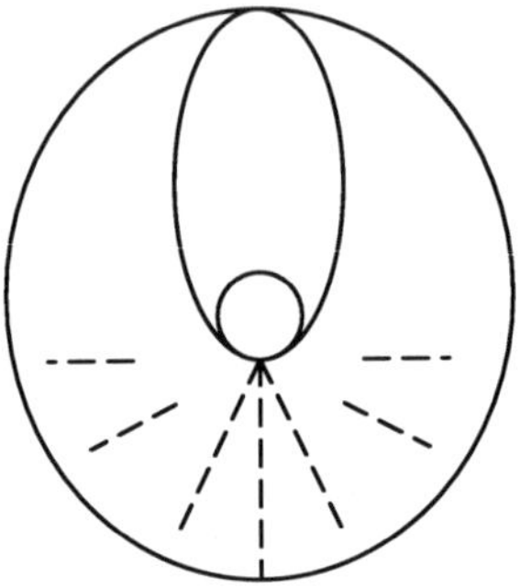

陰識：◎不去思考，就不產生該事件發生的「可能性」。不斷地改變思考方式，甚至能自我調整思想慣性，而複合更多的行為能力。也會因天阻慣棄，也必定產生相容而不可及之處。而此種阻力，就來自於動健本身。故動健之上仍有乾坤陰陽高冪之體，此次易，之所以過述於易經也。

— — -·- -·- -·- — -·- -·- — 乍垠卦

乍垠。震至，與內其慣，大恤。
彖曰：乍垠，振之制，引銜於震，顯乍而有迷，似外引而實內建，慎不害也。
象曰：上益下震，乍垠。智者以克定強勢。
上九，降所銜，利艱貞。
象曰：情所深邃，利艱貞。
九八，謹乍垠，利有取。
象曰：慎以未知，利辨而有取也。
六七，乍垠引震。
象曰：知存義，降以引震，大利攸往。
六六，益所情，元亨。
象曰：其識悠遠，大廣所鑑，元亨。
六五，乍垠之辨，吉。
象曰：其鑑引有取，吉。
九四，震敵，利涉大川。
象曰：乍垠之用，內辨識外，行健而震敵，利涉大川。
六三，乍垠莽謀，凶。
象曰：雖善而已未臻圖，凶。
六二，銜所垠，引異之患。

象曰：未自知也，雖有新穎，引異有患。
初九，乍垠末患，大厄於後。
象曰：引異未悉，衍凶之甚，大厄於後也。
陽辨：◎乍垠，情境邊銜之異震。慣性存在必與非慣性存在，有相銜之處。而在此變化的銜接處，必定成動震原有慣性的情境之狀。◎變易體降幕，等價而存在，存在而慣性。然思維的推理，卻返取其道。故當明白存在之義，慣性之間的掌握，行簡而可易矣，任何的動震乃至於演變於異震，皆倚此大綱運行。故曰：「乍垠引震」。

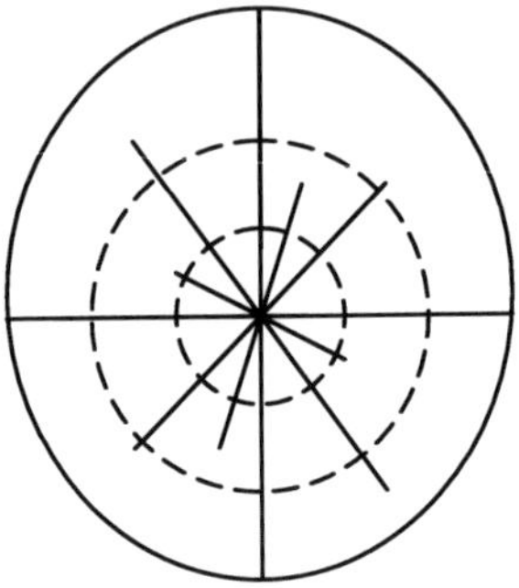

陰識：◎既然有範圍，則慣性本身，必具備量值可制的區間，只是運行者多數不能正確釐清，蓋察人易，觀己難，論已知易，究未知難。求外界之未知易，探內界之未知難。何以難？以為自知而實不知也。◎古往今來，所有出奇而勝者，實非外求而得，明制彼此內在慣性，而乍垠慣性存在之界耳！所以任何的震撼，都是自我內失本制，而本身慣性為別人所探析。故乍垠之易，所形情境，當大恤矣。

⚊⚊⚋⚋⚋⚊⚋⚊⚋ 毋瑣卦

毋瑣。內瑣無窮，映型之則。

彖曰：毋瑣，內瑣昊旻，映外俱往，然不可即取，以潛悠遠，其有毋恤知之迷，故內辨外瑣，以映型之亨。

象曰：上益下解，毋瑣。學者以克己復學。

上九，內阻速瑣。

象曰：上映存在，引以速瑣，識必內阻。

九八，映外塑型，利艱貞。

象曰：毋瑣之艱，以塑仿內課，利艱貞。

六七，映辨旭亨。

象曰：雖情潛有緩，旭亨後通。

六六，昊旻亨儀。

象曰：其亨儀，無內外所據。

六五，毋瑣返外，元亨利貞。

象曰：其返外攝瑣，內有大取也，元亨利貞。

九四，己塑之攸，利涉大川。
象曰：毋瑣貞義，以可己塑，利涉大川。
六三，瑣益之辨，利攸往。
象曰：其辨返益，終有可設，利攸往。
九二，亨徑。
象曰：同返至義矣。
初六，解瑣中迷，貞厄。
象曰：解難矣，內不致之惘而中迷，貞厄。
陽辨：◎毋瑣，影易六十四卦之一，內辨外瑣之解離。意識忖陷陷於情境之境，則外界的瑣碎型態，必有意識內的對映關係。倘若改變意識內的對映，則對變易而言，與改變外界型態是等價的。

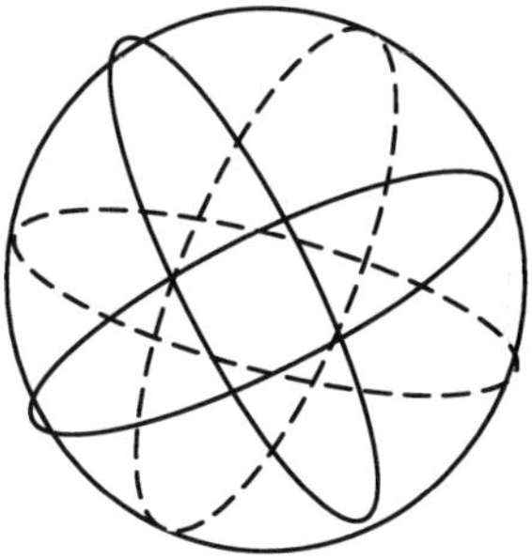

陰識：◎無法接受改變自己，就等於改變環境的觀念。然而累積歷史規則，知識對於現實生活來說，是空洞的內部改變而已，然重視知識，與不重視知識的民族，最終何者能佔有文明能力的強勢，已經不言而喻。◎然奈何需要時間長久，才能顯現出內辨外瑣的等價性？意識的忖階，坎陷於情境體。當以時間與空間合成運作之時，就遺漏變易等價的先據，而無法亨通內辨外瑣之間的一致性。「自我意識的改變，不算是改變外界」，這種荒誤之辨越深，必然越陷歿於無窮的情境之中，越被動受法則運行。這種意識辨識其顯現，也必然得在法則通行之後，才能取象得到。

⚊⚊⚋⚋⚋⚊⚋⚊⚊　赫門卦

赫門。太元有棄，階行涉降。

象曰：赫門，上容不容，棄型制也，故而高赫大動，不與上涉，終失門外，不利攸往。

象曰：上益下歸妹，赫門。智者不以一仰望易。
上九，太元赫門。
象曰：其禁閉無制，故太元赫門。
九八，赫門棄型。
象曰：欲仰近而其遠，求而其棄，其不納矣。
六七，赫門無全。
象曰：無全而非型，元亨差略。
六六，上涉大艱。
象曰：其大艱，強而往吝。
六五，上義無納，利悠遠。
象曰：無納，似自愎，實涵上義，終可悠遠。
九四，不諧攸棄，終不可臻。
象曰：雖動健勤續，其有不諧，攸其棄型矣。
六三，益型不舞，有設望。
象曰：雖益型，外不彰舞，其有設望。
九二，棄恨太元，無咎。
象曰：棄恨太元，非以一攸，亦涉，無咎。
初九，歸妹永終。

象曰：所處受棄弊，而其不滅，赫門無界也。

陽辨：◎赫門，影易六十四卦之一，相互亨通，彰顯之型相互認同，是個化約差略式，實際上任何自擇與慣性體之間，不會有真實的完全亨通。等價，只存在於形上變易，去建制不同的自擇體，存在是等價的事實，而自擇體演變後的形下狀態，卻不共同被納入其門。故曰：「赫門棄型」。

陰識：◎因為無一，所以容許缺陷，容許矛盾，容許複雜眾多的定義體，相互不容，容許情境相互不容狀態。◎我並不知道一切起因，對那種太上「原母」而言，「起因」根本不是問題，祂不會有任何問題存在。但肯定這是祂「原母」，最惡劣之處。不肯給真實的東西，而是令在一片虛假當中，自己去定義真實。所定義的任何「真實規制」，相互之間又一定有分歧，而不諧和。從而產生複雜與矛盾，乃至以此塑造存在，塑造而又遠棄之，而不可上涉。故赫門棄型，而必有天缺之義矣，赫門之棄，也有隨降冪產生階段與程度的區分。◎次易之哲理，非僅以尊崇變易而行，亦有厭恨至理之惡而成。

— — -:- -:- -:- — — -:- -:-　干莫卦

干莫。神殉，其大置悠遠，勝可得也。

象曰：干莫，忖階返情，外塑而可映等階之易，其取也，神殉於物矣，後可大擇。

象曰：上益下小過，干莫。學者以全情入涉。

上九，無一混儀。

象曰：無上象，混儀等映。

九八，等眷之祭，慎恤。

象曰：忖階至映矣，非甚型也，慎恤。

六七，返情映等。

象曰：連冪，忖階返情而終映等價。

六六，映等擇塑，有得，利艱貞。

象曰：上以映等，存恤擇塑，干莫以得，利艱貞。

六五，干莫上殉，元吉。

象曰：古神矣，其殉返等上映，有制大新也，元吉。

九四，益向可基，利涉大川。

象曰：其潛可基，以映塑往，利涉大川。
九三，小過小宜，往吝。
象曰：聚神小過，雖恤未有大得，往吝。
六二，過與大塑，貞吉。
象曰：過與其基，作以大塑，貞吉。
初六，虛逝揚顯，後承之恤。
象曰：後承之恤，未必承涉矣，終吝。

陽辨：◎干莫，影易六十四卦之一，與自身意識相等的另一種具體。當自身意識，存在於具有不可抗逆的自然變化中，則必存在，與意識相等價的另外一種情境態勢，而此具體態勢，可以是時間潛伏的虛逝狀態。◎形上的變易不必與意識相矛盾，而是意識忖階，返入情境，必兩儀生映，有變易連冪的等價態勢。而多數的情況，都潛伏於虛逝狀態中。

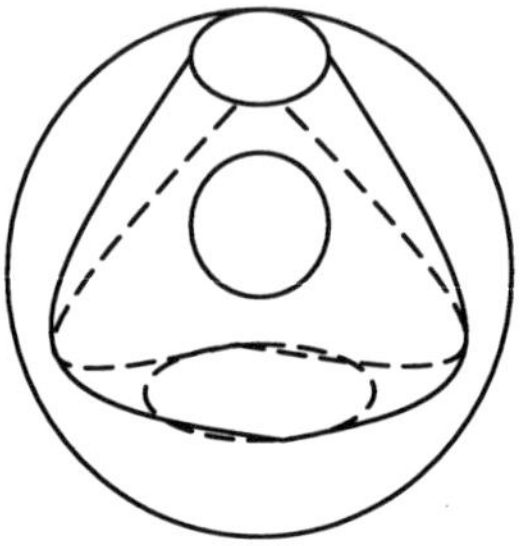

陰識：◎干將莫邪，古代鑄劍者，投入自身的精神與生命，雖然僅傳說，然確實存在某一種具體的情境，對變易體而言，是具有等價位階與同位運行者，而可以存在於無窮的虛逝體之中。是故君子乾乾之動力，在求更高的精神價值與意義。而建制與自身意識，相當的另一種態勢。

— — -:- -:- -:- — — -:- —　揆直卦

揆直。整則度直，雖未臻，有上程也。

象曰：揆直，所映實，其取象容曲也，故度直而上程，雖艱而未臻，可以後涉。

象曰：上益下豐，揆直。智者以豐實大體。

上九，益先思，亨。

象曰：思略未臻，而益也，後可涉行。

九八，直無攸，有不恤亨。

象曰：整而無體，不恤所取而亨顯。
六七，易容曲，取象中誤。
象曰：取象言詭，而後必映直，其中誤，無咎。
六六，揆直上程，元亨
象曰：揆直上程，越識略取，元亨。
六五，揆直分宮，利涉大川。
象曰：分宮而序，觀錯而揆，利涉大川。
九四，揆直悠遠，元吉。
象曰：其似未益取，悠遠大德，元吉。
九三，揆直受豐。
象曰：雖未固，受豐而可自衍。
六二，放曲情，慎遠來，凶。
象曰：其曲情不利所鑑，涉變，凶。
初九，續勤揆度，有得。
象曰：上體無一，續勤揆度，雖鮮，必有得。
陽辨：◎揆直，影易六十四卦之一，整則度直。所有法則纏整的整體變易，而形成的相對直則。◎一法則為度，其他必然為曲，而未必自知。而實際的變易，卻不會兼容這種自度的『曲直』。所以相對性法則，本身是在由『一』而構的形勢之下，才產生者，在無『一』而『整則』的變易體運行下，並不會存在。相對性法則成立下，對映的隱藏『事實』，就是絕對性事態的產生。法則之整合，必然有超過生命體常習意識界線的，上程編制。故曰：「揆直上程」。

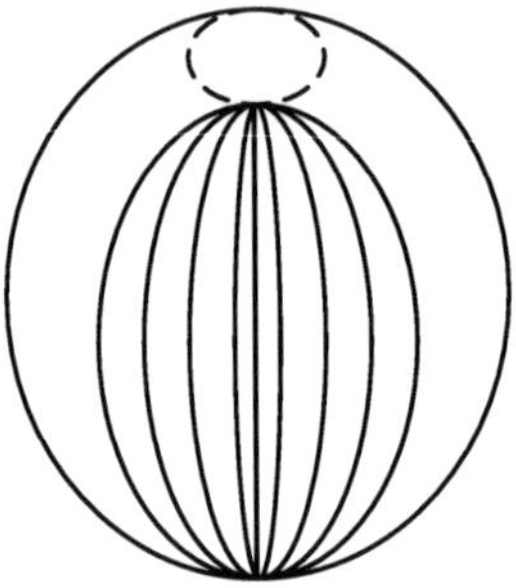

陰識：◎為何相對性法則，有互相的時間，都比對方快的吊詭，但是存在的事實，卻會給一種『絕對發生』的感觀取象？曰：設古今之人，相較同一件，『都存在，卻也都未曾見過』的事物。若外星生物，在古今之人同觀。今人可以辨別出，兩種生物是相等價兩星球，互相都會認為對方是外星人，只是演變的層次有所落差。而古人觀，或許就會認為他們是『天外飛仙』，落於一種不等的情緒，但這種情緒也可以『沿著事實』形成。今人的宇宙觀，相對來說，會『比較』接近等價觀念，但卻也可以落入，外星人較為優等的觀點中。◎中南美的印地安文化，滅亡因素眾多，在精神的層次中最關鍵的原因，就是對外來者，有不等價的落差意識，而實際上兩者對變易來說，卻是等價的，最終才會被滅絕。◎無論對待任何事物，是把對方視為較高尚，或是把對方落為鄙視，都是陷入於一種自塑情境意識下，產生的判別。而這種判別，並不具備變易層次的，真實「揆直」。故學易者，在情境型態上，雖容許有不等價的觀念，在根本的判別上，必尋找共同性，而判讀情境所分歧之因。

僻觸卦

僻觸。機元飽程，僻孤，近觸啟易，利艱貞。

彖曰：僻觸，僻孤有徑，實非極孤，頻緩觸取以發，而可涉大亨，所源元之象，終有新動而大作，慎恤。

象曰：上益下恆，僻觸。智者以域孤上勢。

上九，極僻孤，上等。

象曰：極僻上等，近觸所易。

九八，機元物化。

象曰：時空分境而同取，極孤以物化上亨。

六七，潛僻觸，時啟易。

象曰：其不上極，終以時啟。

六六，積飽機元，慎恤。

象曰：可大易其辨矣，未必善取，慎恤。
六五，僻觸僅域，利攸往。
象曰：其孤域可亨，故利攸往。
九四，益規取，無咎。
象曰：僻觸之啟，雖不涉眾，益其規取也，無咎。
九三，僻孤不識。
象曰：其機元深處，外不可取象，故不識也。
九二，恆納之制，貞固。
象曰：僻觸之汐，恆納所象，貞固。
初六，啟易通觸。
象曰：啟易通觸，涉行悠遠。

陽辨：◎僻觸，影易六十四卦之一，飽和機元之觸發，孤獨象的觸易先勢。絕對的孤獨象，等價於宇宙其他所有的情境，是故絕對的孤獨象，觸發變易體中，絕對的機元態勢。◎對情境體觀察的各種慣性而言，似乎是孤獨之象，而變易層次並非孤獨，而是佔有先據觸易的走徑，散於情境潛伏，而非同作。故所見似乎孤獨，而實未極端孤獨領域，尚未能產生絕對的啟易，而需要不斷地緩慢觸發。

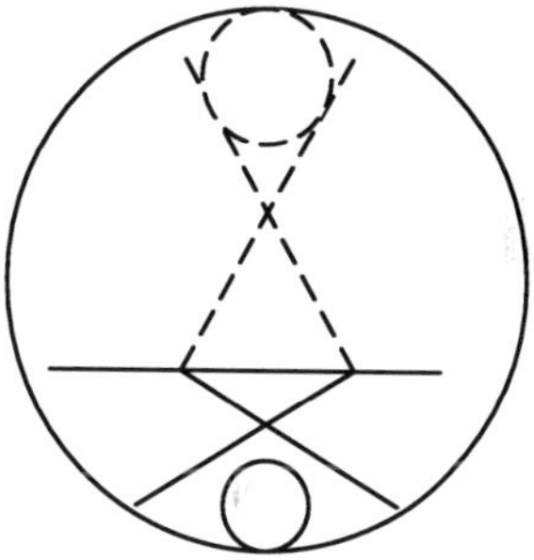

陰識：◎倚啟易卦，對情境層次而言，尚可以解釋，啟易為何多在失落之處，然而變易層次論，此種解釋，尚不足析以大體。自擇與慣性兩儀同體，多數者雖然也由自擇而成，卻擾儀於慣性定制之中，空間中的孤獨者，則因而佔有更多的自擇動健先機。關鍵在於，飽和機元不連續面，多處於不相連的情境分散之中，因而僻觸之機入徑於情境的潛伏，多由漫長的時間，來顯現其變易的存在。◎是故人類所具備的原始形態，這種演化形成的物種中，道德與智慧雖可被自擇所兼納，卻不能被慣性所常持。孤獨領域外的一切取象態勢，在時間的運行規則，必然因等價，而受益於僻觸之啟易。僻觸之於物行之義大矣。

 侵綱卦

侵綱。奪而固本，正己綱，未所咎也。

象曰：侵綱，奪而同正，易恤也，剛健返塑，內塑而正映於外，故侵奪而不咎。

象曰：上益下大壯，侵綱。勇者以審鑑變奪。
上九，聯次反深。
象曰：其內外塑映，自擇映取，而反深。
九八，同正自塑，元吉。
象曰：其大利悠遠，侵得後亨，元吉。
六七，殘銷，凶。
象曰：貪所殘銷，其不利行矣，凶。
六六，侵綱亨徑。
象曰：其擾儀兩分，侵綱亨徑，銷亦得也。
六五，侵而正，無咎。
象曰：侵而正綱，非矯矣，而塑新衍，無咎。
九四，大壯輕侵，征凶。
象曰：輕用而綱未整，不利悠遠，征凶。
九三，擾儀混厄。
象曰：失所鑑矣，厄。
九二，益所固。
象曰：侵綱之變，似弛，而自擇深上，益所固矣。
初九，鄙侵之始，殘固。

象曰：其綱存，故鄙侵之殘，亦固矣。

陽辨：◎侵綱，影易六十四卦之一，侵奪而固。耗費本身，去消滅某一情境據位，乃至深入剷除其慣性，而實際上是用自己一連串的自擇與慣性，聯次相鎖。而在內無窮的辨則中，慣性深層於自擇，但在外無窮的侵奪中，自擇深層於慣性。倘若一種侵奪，並不能新衍自擇變化，就是侵而未正己綱。對侵奪者而言，這種侵奪等於損耗。

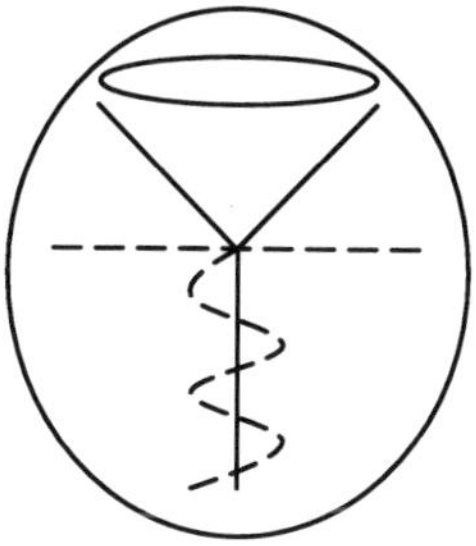

陰識：◎倚共元卦，醜陋的生態方式卻穩固，任何的一種弱肉強食，外在觀若是顯示一種平衡，則內在觀，就是自擇的重整，即自擇態勢重新出發，把慣性讓出來，給新的自擇狀態，重新設定。假若一種掠奪，而本身卻不能等價於被掠奪者，演變的原始因素，重新展開自擇態勢，則這種掠奪方式，是共同損鎖生存的根本。◎是故外觀同樣的平衡方式，卻可以顯現穩固與不穩固，存在悠遠與存在短暫，的兩種不同結果。以某一層次的變化意義而言，形態要靠自相魚肉才能存活。

— — -:- -:- — -:- -:- -:- -:- 遾娠卦

遾娠。降遾深娠，必兼次行，貞固。

彖曰：遾娠，其次行後與，上與兼容，即不恤，其亦行矣。

象曰：上渙下比，遾娠。易以生滅不息。

上九，上降次行。

象曰：其降而娠，次行同遾。

九八，綱容次行，無咎。

象曰：其受降而容，未必義也，無咎。

六七，歧層定亨。

象曰：既不恤，歧層分演，定亨矣。

六六，遾娠承降，不利貞。

象曰：遾非本欲，承降必娠，不利貞。

九五，遾娠取塑。

象曰：取塑後亨，速以侵綱，易降制也。

六四，智不遾。

象曰：其雖易映，不遾矣，不可兼容。

六三，倚綱固，利貞。

象曰：其倚綱固，而可後逡，利貞。
六二，渙象所容。
象曰：其宏也，所容上恤。
初六，比逡，利攸往。
象曰：其可兼與擇取，利攸往。

陽辨：◎逡娠，影易六十四卦之一，變易通過慣性與自擇的聯次，使存在成為兼容體，形式只是存在的後諭體，而有本末歧異的深層結構。無論什麼規制，乃至於規制之間的變換，甚至於法則的歸納羅列，都沒有根本合理性。而規制變換出來的系統運行，若在侵綱的穩固路徑中，就可以不斷地造次，用規制之外的狀態，去演變新事態。

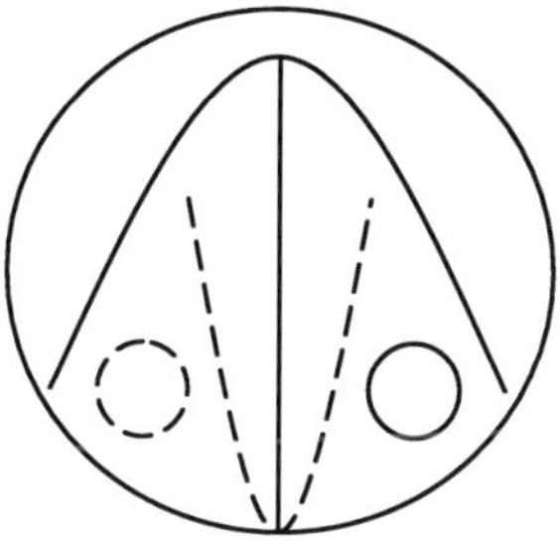

陰識：◎若存在於不穩固的侵綱路徑時，逡娠的兼容性將會非常低，從而自擇必須從昱晃

中，數制與型制密切的互換，去展開取象兼容。◎無論文明能力，怎樣能摧毀生態，生態容許多重多層的造次，而不斷有新的侵綱態勢，文明知識卻只能兼容嚴謹的邏輯或思維，那麼生態相對於文明的型態而言，就必然更加穩固，而同與形上。意即生態即使在文明瘋狂摧毀下，也會在文明滅絕後，重新逡娠而重發。文明摧毀不了整體生態，而是生態在逡娠形式的變化中，終結一種不穩固的聯次型態而已。

━ ━ ╌ ╌ ━ ╌ ╌ ╌ ━ 長冑卦

長冑。弱則悠遠，中可構勢。

彖曰：長冑，弱不顯情，實深則也，殘取失衡必不構勢，亦不遠得，征凶。

象曰：上渙下屯，長冑。易以深則為臻。

上九，弱冑，艱貞。

象曰：弱冑艱貞，而形大密纏遠。

九八，易與長冑，臻制。

象曰：臻制情境，故其弘遠，等價其深慢也。

六七，深則長冑，無不利，元吉。

象曰：其近於易，深動大有，故無不利，元吉。

六六，士女制國，大利悠遠。

象曰：其短漸之固也，大利悠遠。

九五，渙立中式。
象曰：其式，中可構勢。
六四，長胄之庇，利貞。
象曰：其可互濟也，利貞，中吉。
六三，屯蔽，不利攸往。
象曰：其蔽未見其長，故不利攸往。
六二，殘取，征凶。
象曰：其以強濟殘取，逆則矣，不利悠遠，大害也，征凶。
初九，長胄利基，得所願，終厄。
象曰：長胄優敗，緩顯慢演，雖殘取，其得所願矣，史不予，終厄。

陽辨：◎長胄，影易六十四卦之一，等價之殘缺取象，長遠倚弱胄之護。變易顯現的等價，並不能被取象者同取，取象其強勢而失去悠遠的衡量，取悠遠而顯得型態衰弱不濟。其等價意義，超過一切慣性產生的型態定義，在取象者的偏執當中，是有殘缺而無法解釋所有變化。

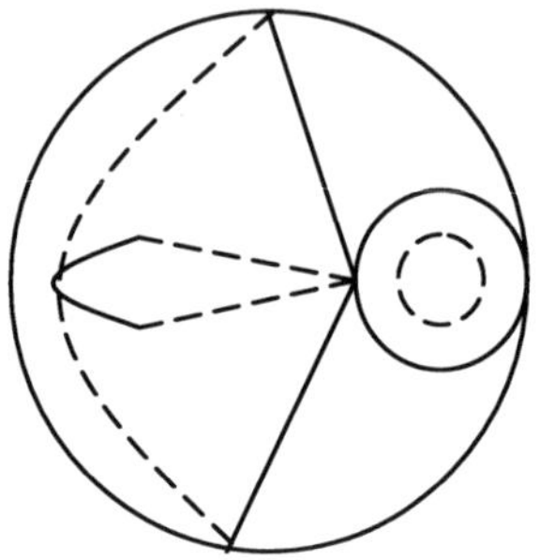

陰識：◎倚變卦，情境短弱之則，最深入於易，也最能產生悠遠事態。實際上穩固的法則，同擁情境最長最短之義，最深於易，取象者卻只能以弱象定義。故均馭卦，聯取而延展，其與下經辨識所義大矣。◎群體當中最被認為的弱者，即乾綱弱勢者，在等價的意義下，決定最長遠的演變意義。所以物種時義當中，性別弱化的一方將主要構成長遠的演化主軸，文明時義中弱勢的知識份子，則決定文明長遠的型態演變，長冑氤氳而由慣性易轉自擇之故。而物質也存在自擇與慣性的相互轉變而延伸型態層次，所以物質中，半衰期相對其他物質短暫者，其內部必然有一種能量較為弱勢的微粒子組合狀態，主導該核素快速地轉變。

—— —— - - - - —— - - - - —— - - 貳演卦

貳演。複擇而貳行，得其所倚，丈人吉。

象曰：貳演，行後能悔也，故丈人而吉，隱其所顯，顯其所隱，故能得所倚也。
彖曰：上渙下坎，貳演。智者以反正優隱。
上九，天翦無情，貞厄。
象曰：天翦無情，雖知亦無所逆，貞厄。
九八，旋因自製，凶。
象曰：大廣逾時，原型失律，凶也。
六七，隱設箴準，因中。
象曰：其自內而因中，長冑演層。
六六，範所場，貞吉。
象曰：所範，設其所場而能憲，貞吉。
九五，垂憲返優，大吉。
象曰：因所場而反逆曲優，大吉。
六四，顯箴勿棄，吉。
象曰：不棄顯而引之為箴，知其所生因也，吉。
六三，渙變，制倫。
象曰：制倫抑變，所享是寧。
九二，漸適因融。
象曰：顯隱而生，需漸適，因融而及之。

初六，貳則所慎。

象曰：貳則，有原筮，慎其所融演也。

陽辨：◎貳演，影易六十四卦之一，生態循環自擇而天翦之，有數位倫滅之情，是故在一穩定的規範環境內，若是將現有體系隱藏，則會使原有自擇所被隱藏的體系，顯現出來。◎假若演化了一億多年，佔有生態優勢的大型爬蟲類：恐龍。沒有滅絕，那麼現有的大多數生物都無法自由地演化，也不會出現人類的文明。

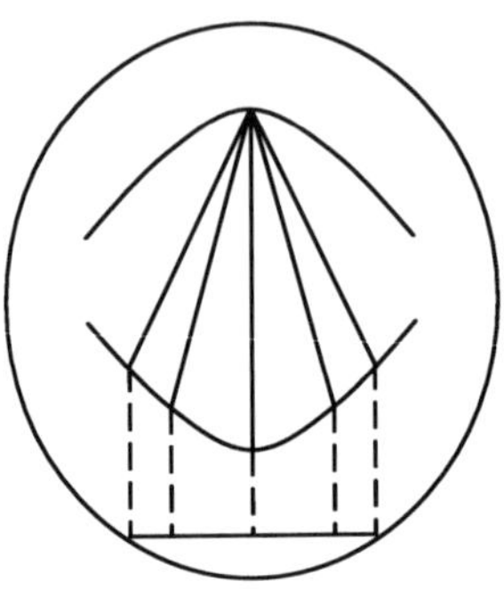

陰識：◎貳演顯隱。只要建立一個穩定適切的導引場，那麼一正一反的動向必然同時存在，將現有的型態隱藏，則能將原本隱藏的型態顯現。長冑卦的弱勢決定長遠型態，在廣義時間軸延伸的狀態中，也必然產生同律，而有貳演的顯隱。◎假設現在於一個設計好的封閉環境，以現在所發展出來的數理科學脈絡，作為隱藏的參考座標，或稱為隱藏體系。而把實驗的族群重新調整到另一種文明數理發展體系，隔離在某一地區，引導這個實驗族群，去重新發展數理脈絡。以隱藏體系的發展經驗，去除實驗族群的錯誤路徑，但保留很大的發展空間，那麼，可以產生新形式的重力理論，可以產生新形式的相對理論，可以產生另一思維方法的量子概念，乃至會可能出現實現有中，所沒有發展的科學脈絡。也就是時空「重複選擇」於現有的狀況下。◎現實隱藏化，而把隱藏現實化。是以現實所顯現的必然性，必定去除無窮的可能性，此可能性隱遁於過去，亦可以顯現之於未來，演化的原理非僅有所觀測到的顯現現象而已。用相對性的角度去看，我們所存在的現實，其實是原本應該隱藏之之演變路徑，被某種因素反隱匿，才顯現出來者。

⚊⚊⚋⚋⚊⚋⚋⚊⚊ 媾慮卦

媾慮。涉所非常，不利貞。

象曰：媾慮，媾處而乖處，其悠引也與，不恤其常，慎以內律，後涉以亨。

象曰：上渙下節，媾慮。仁者不乖所異。

上九，複多維，貞固。

象曰：其必存，而不可析矣，貞固。

九八，大易不恤。

象曰：其不恤所象，往吝。

六七，悠引涉變。

象曰：易以降制也。
六六，始蓄媾慮，貞固。
象曰：因不恤而始倚蓄之，貞固。
九五，媾慮不常，終厄。
象曰：以不正而為常，是不常矣，終厄。
六四，乖慮所羈，始矣。
象曰：其始作而伏續，終有後厄。
六三，倒辨情結，凶。
象曰：倒辨而處義反也，凶。
九二，渙情有曲，不利攸往。
象曰：渙情有曲，媾慮非智，故不利攸往。
初九，節降所律，貞吉。
象曰：節以歸義，降所律，終有常，貞吉。

陽辨：◎媾慮，影易六十四卦之一，原始悠引運行，所產生倒置情結。兩儀多重複維，不會毀滅任何一種取象的是非價值，自然也不會絕對遵循之，甚至對自然法則，也同樣設定，只是條件比較寬。倚悠引卦，是故原始因素，對後態存在運行的遠制，必然存在一定的不遵循趨向。

陰識：◎大易不恤是非，應該是其是非運行，超過意識常態。一連串悠引牽連，甚至可以在關鍵因素，倒置常態的情結。對自然可以稱之弔詭，對人事可以說之諷刺。

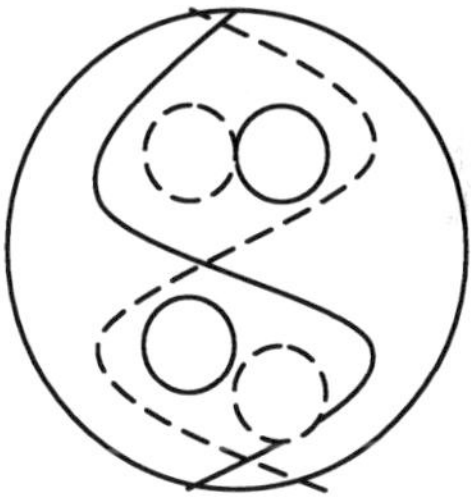

⚊⚊⚋⚋⚊⚋⚊⚋⚋ 珏羇卦

珏羇。二元三交，疾極趨思而一，利代亨。

象曰：珏羇，二元多化，其高本代，已趨極假降，可代一也，

象曰：上渙下蹇，珏羇。學者以代假一體。

上九，識取降趨。

象曰：先既引，識取降趨。

九八，趨取二元，亨。

象曰：其取以深度，珏羇假極，亨。

六七，三交複存，無咎。

象曰：雖不本，而複存行識，無咎。

六六，玨羈育取，代亨。

象曰：代一雖假，有倚大作。

九五，逆衝趨，玨羈有存。

象曰：偏逮作也，玨羈有存。

六四，蹇抑，艱難。

象曰：雖艱貞，仿體終一而非順，始得，終有所抑。

九三，渙元之溺，終亡。

象曰：有存而終亡，勢不窮矣。

六二，仿本趨，大得。

象曰：智極所代，大有得也。

初六，玨羈之運，不恤所情。

象曰：多元以據，其運無情，不濟所取矣。

陽辨：◎玨羈，影易六十四卦之一，偏逮既存，二元運構多元。陰陽二元而三交，思想與思維，在交形、交制、交取之下形成，多元化情境狀態。實際上趨動變化只有兩個方向。因此意識辨識，在諸多的相雜矛盾中產生。也在諸多相雜矛盾中滅亡。

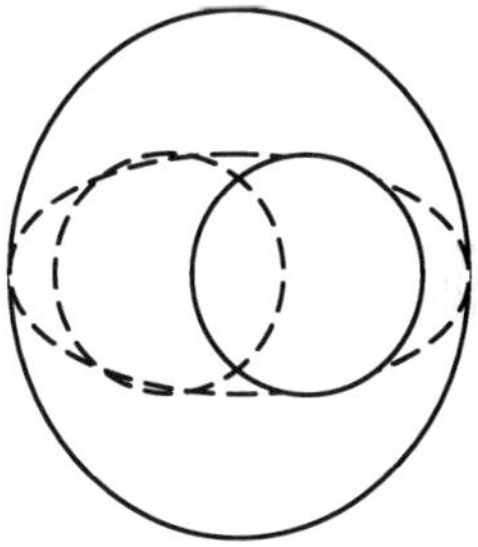

陰識：◎倚變卦，在降冪中，意識本身也成高低連冪，取兩端而成思維與思想。故意識運行，近於降冪的極限動態，以二元三交之本趨，而能成一體。◎次易五百一十二卦，上三論下二辨，此玨羈育取，而富其所態。

— — -:- -:- — -:- — -:- —　轍諭卦

轍諭。轍以同象雙返，取其貞固，元亨。

象曰：轍諭，轍以雙返，易降其諭，隱而未現矣，其非真曲，未影亨，終有悔亡。

象曰：上渙下既濟，轍諭。智者以似程涵變。

上九，轍諭一索。

象曰：一諭一索，轍變單固，不利重變。

九八，轍諭眾向，利艱貞。

象曰：眾向雖曲，後有復克，利艱貞。

六七，束秩向象，亨。
象曰：束秩而曲一，亨，利攸往。
六六，轍諭雙影，元亨，貞固，利涉大川。
象曰：其一象雙影，易有度，元亨，象鎖貞固，利涉大川。
九五，似程據固，往吝。
象曰：以似程而不深辨，其識據固矣，有失，往吝。
六四，諭固既濟，無咎。
象曰：雖失，諭固既濟，以成所往，無咎。
九三，渙衍其迷，悔亡。
象曰：迷於現象，失程也，終有悔亡。
六二，影易索文，其義艱貞。
象曰：以影維大恤，故其義艱貞。
初九，影維，終失。
象曰：一象影維，複不復辨，終失。

陽辨：◎轍諭，影易六十四卦之一，隱性的高冪改變。升冪的漸層計畫，與降冪的分層規制，在外觀程序上是相似的，在一種既定流程下是相同的。但所蘊含變易層次截然不同。也就是在相似之中，事態的性質會有根本轉變。故雙象同曲一制，體系以變而形成。故曰：

「轍諭雙影」。

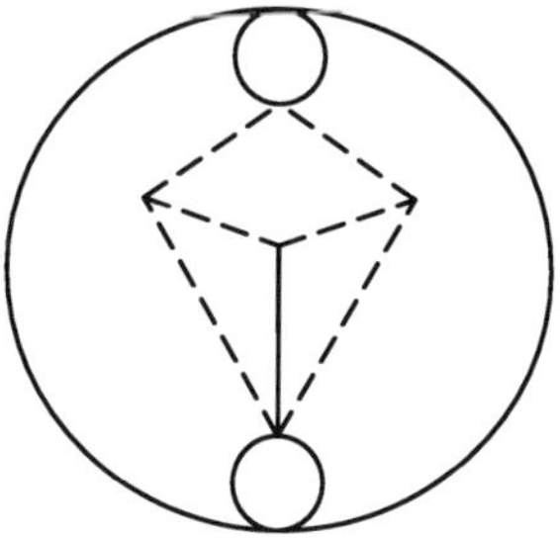

陰識：◎倚殖冪卦，高冪必有所殖。轍諭折返運行，是從既有條件能不能，變成運行之基礎有沒有。◎運用某一種控制變數，往返焠鍊一種物體，使之艱韌，實際上只在於這變數，所產生的取象，增其穩固性而已，並非全面的結構提昇。次易以易經所維，必影而返變，故影易六十四卦，其義艱貞。

⚊⚊⚋⚋⚊⚋⚊⚊⚋ 徨儀卦

徨儀。惶惶窮極，重儀深體，以具本觀。

彖曰：徨儀，兩儀徨弘，同踐存變，雖溯不可及，而可連亨姤辨，雖名繁而拾觀一體存攸，利假易辨識。

象曰：上渙下井，徨儀。學者以本觀識卦。

上九，重儀深維。
象曰：引據無窮，而深維無曲。
九八，乾擇活引。
象曰：乾擇活引，自擇辨變。
六七，坤慣降制。
象曰：降制，慣性識體，坤元深伏也。
六六，徨儀變相，元亨。
象曰：其溯無窮，變相而同曲，元亨。
九五，維象攸往，貞固。
象曰：其徨儀弘遠，貞固。
六四，渙相之亨。
象曰：其徨儀同維，渙相繁變而可亨。
九三，辨維，利艱貞。
象曰：辨維而乾坤序也，利艱貞。
九二，徨儀井濟，溺吝。
象曰：徨儀井濟，存無所終辨，識溺吝矣。
初六，徨照後象，不利攸往。
象曰：後象攸往，徨照不受辨息。

陽辨：◎徨儀，影易六十四卦之一，兩儀多維象一體同視，自擇與慣性之間的兩儀動制。相互是重儀的定義，而自擇倚更上制的慣性，超過慣性，或慣性掌握更多數的自擇，趨動新的自擇。現實物質狀態的演變，在此交互的定義之中，展開其動向。故曰：「徨儀變相」。

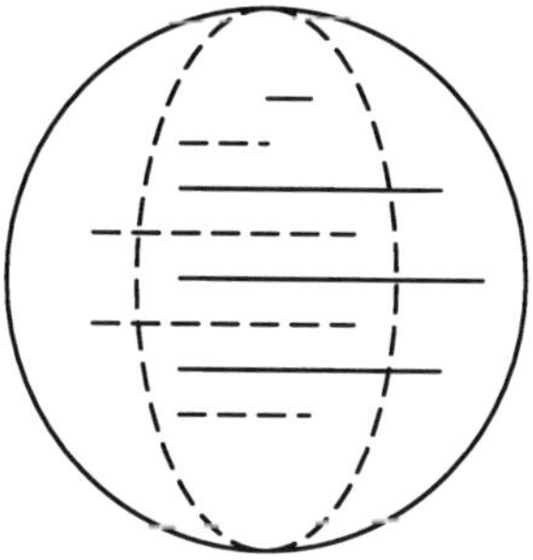

陰識：◎沿著自擇上溯高冪，或沿著慣性上溯高冪，直到存在無法被意識所辨別。故假設存在的本身，由慣性所降至，自擇所變動。◎存在的物質組成結構，與存在的型態變化動向，有同義之恤，物質無窮組成而沒有根本單位，動向無窮上溯高冪而沒有止境。是故兩儀變化，多維象同義，徨徨而無定制去尋求它的最終解釋。卻可以藉此在當中塑造目標形式，故徨儀於變塑之義大矣。

割域卦

割域。原等價，動健降偏，大利攸往。
彖曰：割域，割以互義，域啟內健，先據而有攸往，其固也。
象曰：上渙下需，割域。智者以大規互義。
上九，域下顯情。
象曰：真義取域，下度顯情，得據也。
九八，割域攸屬，據吝。
象曰：其攸屬，未必義制，雖據，終有吝矣。
六七，直質遺健，往吝，不利貞。
象曰：雖義，其不利行也，貞而往吝。
六六，割域互義，利艱貞。
象曰：互義用健，而顯情有偏，利艱貞。
九五，高直術割，貞吉。
象曰：高直術割，上道下術也，貞吉。
六四，渙循內健，貞固。
象曰：內健而外不入，貞固。
九三，交敕始剋，慎恤。
象曰：情偏而易等，始健域作，其必剋也。
九二，先據割變，上有爭凶。

象曰：其割變而本制有侵，上有爭凶。
初九，需於易，元亨。
象曰：割域義制，而可動健，元亨。

陽辨：◎割域，影易六十四卦之一，情境彰顯取象的偏袒指標。若一物在一規範的空間領域內，一外物進入此空間領域，則空間對於這兩物的各自取象，是等價的意涵，沒有任何偏頗。但若空間原先就採取一變動的規制，存在動健的涵義，則空間必然偏袒，已經存在空間內的先存物體。外來者若不能運行到交敕的規範，則必然不能取代原先的存在者。

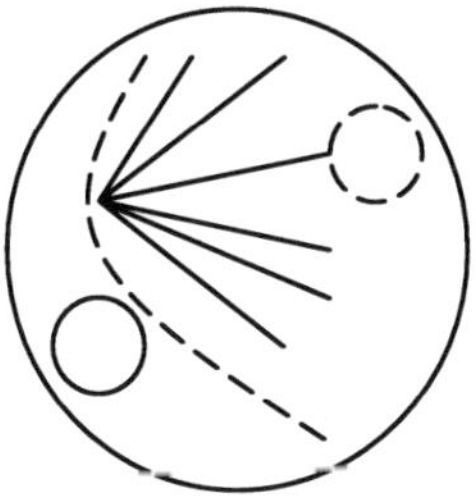

陰識：◎無論是空間機關分配，生態循環的佔據，病菌侵入人體，乃至於人際關係等等，一切具有情境彰顯運用者，必存割域之易，只是運行的效率指標，轉向不同而已。情境彰顯的切割，與轉換變形，必存在於，任何運用時間變化的空間之中。◎風水之說必然存在，只是大多數使用者，規劃拙劣，達不到目標，乃至陷溺於迷信之中而已，而並非風水學是迷信。

羈臍卦

羈臍。受羈連臍，易制也，無咎。

象曰：羈臍，無與未知，不以唯一，有隱闇複系，強據一，其羈不展也。

象曰：上中孚下隨，羈臍。智者以無據而活學。

上九，易臍以識。

象曰：易臍以識，失理取限矣。

九八，尚辨後證，大利攸往。

象曰：雖羈臍，辨而後證，降以與，大利攸往。

六七，羈臍闇系。

象曰：無窮必然也，何可固據。

六六，羈臍複系，元亨利貞。

象曰：羈臍複系，其以維存，元亨利貞。

九五，一設陌，大艱。

象曰：雖可近亨，遠有艱矣。

九四，羈臍錯一，往吝，不得。

象曰：其雖有學，強據而錯一，故終不得。

六三，中孚涉期，志變，厄。

象曰：其以固據而非學，志變也，終厄。

六二，羈臍育固，貞凶。

象曰：失悠遠矣，其耗不義也，貞凶。

初九，隨引，無枉。

象曰：羈臍隨引，得大義，無枉存矣。

陽辨：◎羈臍，影易六十四卦之一，降冪生無窮中，必然有不同的系統，層次複合，一個可以取象觀察的系統，必然連通不能觀察到的系統，同時運行。而不能觀察到的系統運行，必然可以存在無窮的架構方式。◎是故用一個取象系統，去解釋取象，必然產生無窮的取象，是無法用此系統解釋的。常習中，都把無法用系統解釋的事態，用「一」的概念去假代「未知」，而實際上是「未知」必然無窮，而不是「一」。任何再高明再複雜的系統，都必然受無窮臍帶的束羈。

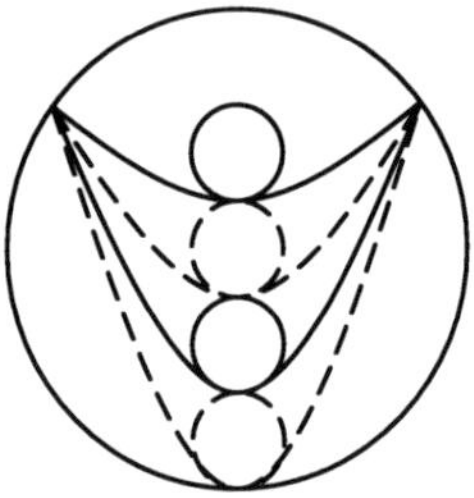

陰識：◎倚比闇卦，任何的系統存在，必然有深層的比闇系統，複合而形，其系統才可以在「無一」的變易大體下，由慣性複合存在。◎假設我們把自己的意識，強制鎖定在，可以觀察到的系統中，去架構死板具象的「科學解釋」，那麼這種科學系統，已然形同死水，只能滿足個體或團體物欲發展，耗光自然資源而已，不會再架構出新的演變態勢。也就形成了技術的上限。

— — -:- -:- — — -:- — -:-　湮勢卦

湮勢。始此終此，無永勢。

象曰：湮勢，非純易，其以終此，自擇偏課而不恤，終有悔亡。

象曰：上中孚下困，湮勢。易以剋溺強勢。

上九，靜影非純。

象曰：可為靜義，非純易也。

九八，湮勢以往。
象曰：湮勢以往，啟易以興，復以滅矣。
六七，始以克終，無咎。
象曰：雖偏所以，克終而擇，無咎。
六六，自擇同合。
象曰：其動健取合，終湮其始。
九五，湮溺儲擇，利攸往。
象曰：雖湮本型，儲擇後發，利攸往。
九四，中孚向趨，貞吉。
象曰：中孚以悟，向趨純易也，貞吉。
六三，湮勢渺存，往吝。
象曰：非純易，其族後衍而渺存矣，往吝。
九二，困勢，終凶。
象曰：以鄙欲而困勢，雖以阻人，不貞掣，終凶。
初六，易合，亨。
象曰：雖非先據無窮，易合而靜趨變，亨。
陽辨：◎湮勢，影易六十四卦之一，湮滅自擇體強勢。靜態取象，為據一的定義體，在兩靜態之間變化的動態，為非先據無窮的，非純動態。動態因而可以相互複合，改變靜態的定義性。

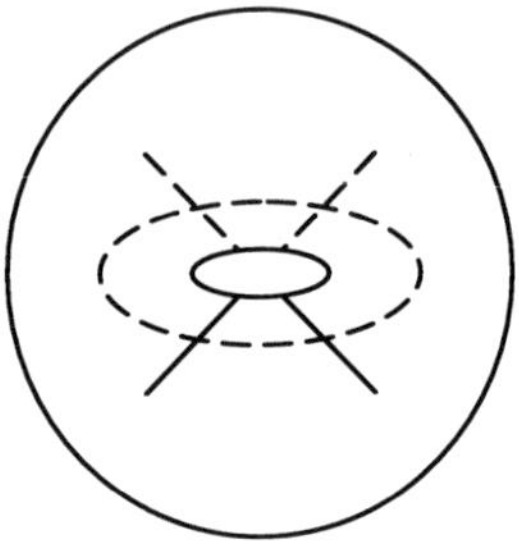

陰識：◎在兩靜態之間變化的動態，為非「純動」的動態，故只要是自擇態勢，啟易之變必然攸存，自擇後的情境連續之域，持續被啟易因子侵入，所以一種強勢的物種型態，即使不斷地繁衍與延續，也不會一直持續其強勢。最終會在不被自身注意的漸變中，瓦解其認定的強勢情境。

— — -·- -·- — — -·- — — 期巇卦

期巇。大期而慣巇，終之虛逝。

象曰：期巇，期立於存，溺固矣，慣性縱巇，期何可存?後於鄙踐之賤，大吝。

象曰：上中孚下兌，期巇。智者謹嚴欲慣，不縱滅虛逝。

上九，存從，毋恤。
象曰：存從雖常，非必也，毋恤。
九八，慣性巇存。
象曰：慣性巇存，其與入虛也。
六七，逍遥引失，厄。
象曰：其引失隱然也，終厄。
六六，期存無窮。
象曰：期於所存，慣可易，無窮何取？
九五，取慣易列，失期矣。
象曰：慣易虛逝，隨取，終有失期。
九四，仰期，不得。
象曰：存於期巇，而仰期，故不得。
六三，鄙巇自蔑，終吝。
象曰：其自蔑遺所遠患，終吝。
九二，三期巇劫，貞凶。
象曰：巇劫白陽，所存鄙亨，無真作，貞凶。
初九，隱期後辨，利艱貞，吉。
象曰：期克艱厄，張展鴻期，利貞而後辨行，吉。

陽辨：◎期巇，影易六十四卦之一，自身慣性，破壞自身期望。期望象，是由自擇中建構的，自擇多數陷於存在之中，若降冪一定義位階，就產生無窮型態，代表任何的期望象，都是在無窮的存在當中，奢求而得。

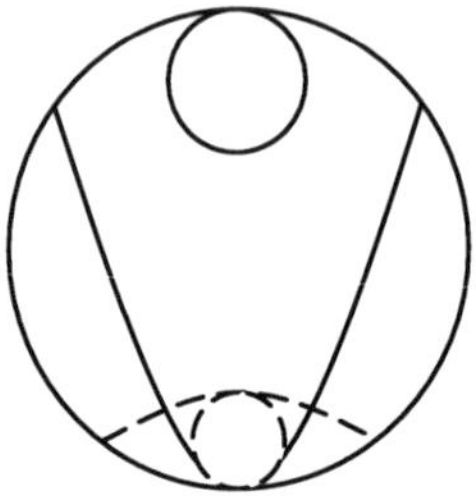

陰識：◎任何的存在都會聯通上制，也就是由慣性所塑造。生存、慾望、權力、等等原始因素，都因倚存在的中性。有其獨立的慣性因作，與結合它的生命意識並不會真正結合。所以在絕大多數變化中，生命體的自擇期望服從慣性，而生命的慣性並不服從自擇期望，從而引滅優越的虛逝路徑。◎自擇是一個徨儀活期體，倘若運行自擇意義，超過某程度的慣性之上，到等價運作之易，即生命克服，自己頑劣的生存慣性，則自身的期望就有很大的機會，與慣性等作，達到常習估計外的目標，也就是慣性的張展鴻期。

⚊⚊⚋⚋⚊⚊⚊⚋⚊　喚浴卦

喚浴。動健廣跡，行則入強，利貞。

彖曰：喚浴，廣跡喚健，行強而終積弱，易體所浴，終不能固。

象曰：上中孚下革，喚浴。智者以深行動健。

上九，易浴廣中。

象曰：易浴我存，情存廣中。

九八，革偏喚，不利悠遠。

象曰：取強之革，偏喚矣，不利悠遠。

六七，強基終弱，往吝。

象曰：易浴而喚，強基偏性，終返積弱，往吝。

六六，時性大行，不得。

象曰：偏喚必阻，勢不得偏固。

九五，喚深中，證應。

象曰：我知有限，喚深中，易亦證應。

九四，廣跡易窄，不利攸往。

象曰：其能雖廣跡，易作而後窄，不利攸往。

九三，複系相逆，厄。

象曰：求競複系，終相逆也，厄。

六二，深衍遠濟，利涉大川。

象曰：深衍據能，遠因可濟，利涉大川。

初九，中孚深衍，大能得志，吉

象曰：其深中而廣衍，大能也，得志，吉。

陽辨：◎喚浴，強弱勢的根本，在所動健執行軌跡之寬窄。不見得複雜的系統就具備更多的動健軌跡，當體系的存在更深入變性所浴，外似比較簡單，所隱藏的系統卻更複雜，具備的能力才是穩健者。

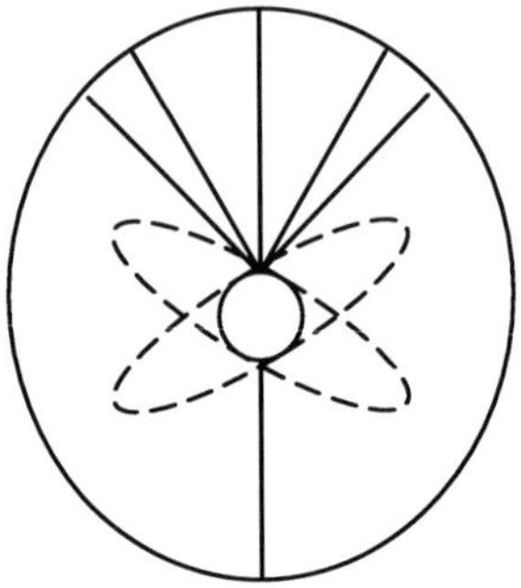

陰識：◎一種競賽，當其中一方具有對手沒有的功能，無論是有形還是無形的，其勝算皆多具一籌。然而在長期競爭下，具備的系統因之更加複雜，反而會使巧成拙，不如簡單有效。故真正的強勢，據存簡單而運作深邃之則，以伸衍之。◎論於簡單的因果律中，喚浴所作，取遠因於近濟而已，是故其為形用之能。

漩刻卦

漩刻。我有複存，善義，利悠遠。

象曰：漩刻，變有漩，存義刻劃，無窮體存而有相同，其一所傾覆之攸，其大利悠遠。

象曰：上中孚下大過，漩刻。智者以久續文明。

上九，傾一有遺。

象曰：易傾一，必有遺，其引攸，必有得。

九八，虛逝存涵。

象曰：無窮宇體，虛逝存涵，其變攸影存也。

六七，一變攸續，利艱貞。

象曰：以一變，攸續無窮之取，利艱貞。

六六，漩刻有複，元亨。

象曰：他存同我，可以假矣，元亨。

九五，攸一已涉。

象曰：雖已涉，近易大作而有大體也。

九四，變一引遠，終厄。

象曰：執一之構，變一則引遠矣，終厄。

九三，等價失遠，往吝。
象曰：易變遷機，等價失遠，雖欲求，往吝。
九二，中孚求緩，小得。
象曰：以緩亡之，小得其體，大攸終怠。
初六，大過之棟，利悠遠。
象曰：漩刻可存，取一體，利悠遠。

陽辨：◎漩刻，變化中保存一所架構的定義體。在變易蘊含無窮中，一條虛逝路徑所能形成，由一架構的定義體，必然在其他的虛逝路徑、在其他的一所架構的定義體中也等價存在，乃至延伸諸多相似，可以認定為相同的定義體。◎從無窮的定義體中，可以產生其他存在形式的自己。

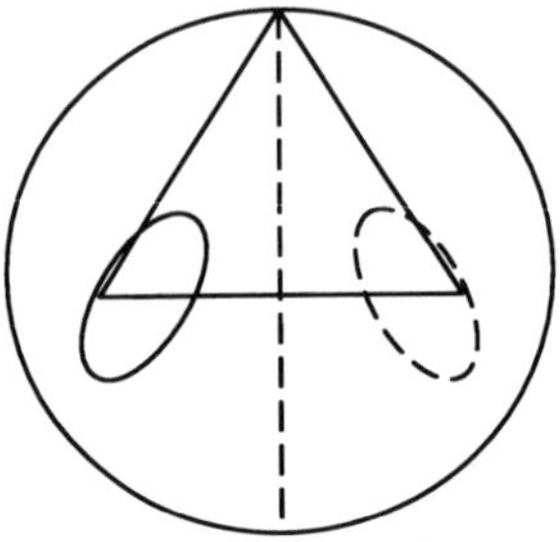

陰識：◎倚傾覆卦，任何的一都複合而來，產生型態無窮的定義，定義體必然因此自我傾覆，而有壽限。然而變易體蘊含無窮，架構的定義體，可以由改變過後的一，來延續與塑造。即一的趨動變化的時義，必然關聯到，其他虛逝存在的同等定義體，的存在趨動。漩刻之於長久延續，之時義大矣。

— — -:- -:- — — — — 蠶續卦

蠶續。存近無窮以迴，延踐悠遠。

象曰：蠶續，利悠遠而未必能踐，其所吝矣，蠶續存近無窮，返幾域固，而涉新異，雖型不存而易以態續也。

象曰：上中孚下夬，蠶續。智者以概想延續。

上九，易不恤。

象曰：其不恤情，後必有涉。

九八，外內恆衡。

象曰：外恆而內以衡，其所立也。

六七，蠶續域固。

象曰：後變失健，相對域固，而可續也。

六六，蠶續固攸，利涉大川。

象曰：蠶續固攸，雖艱雜，利涉大川。

九五，趨變返釋，亨。

象曰：返釋而後義可晉，亨。

九四，啟悅失健，無咎。

象曰：啟悅以期欲，故而失健，雖不致大，無咎。

九三，中孚本域，利艱貞。

象曰：雖型變，中孚本域，信致也，利艱貞。

九二，相對隱健，利悠遠，吉。

象曰：其踐所利也，吉。

初九，緩所失，其續也。

象曰：取衡而緩所失，其可續也。

陽辨：◎蠶續，隱易六十四卦之一，無窮趨動概想，蠶變之後的再續體。域固積健而後蠶變，然而慣性改變，型態的劇烈改變之後，原本的域固定義體，必然也改變，從而動搖長久的穩定，不會再有下一波劇烈改變。

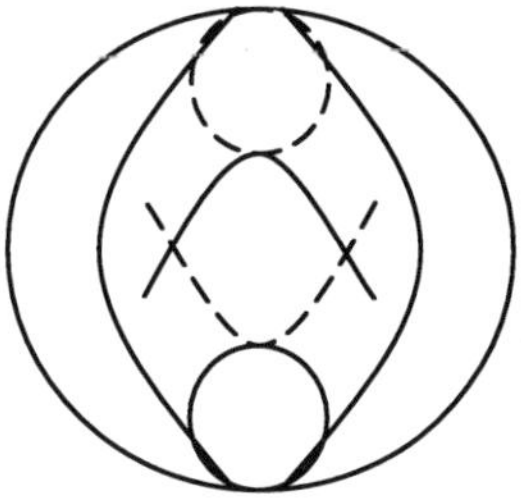

陰識：◎對外變易來說，內變易是一種緩衝，同樣對內變易來說，外變易也是緩衝。蠶變之後的再續體，必然倒置，將外變易為相對的域固，以保存內易無窮。影易的趨變認知架構，以此而致。

錯昭卦

錯昭。虛逝曲，昭顯升誤，終吝。

象曰：錯昭，因果眾徑，升冪取反，雖以適性未見適當，其昭有錯而不立顯，不利悠遠。

象曰：上漸下剝，錯昭。嚴者以求降式之亨。

上九，升識，終吝。

象曰：有一而反降支取，雖亨，終吝。

九八，寇馭系取，前感毋取。

象曰：升識前感，系取不利格局，故毋取也。
六七，錯昭脈亡，凶。
象曰：壽由一取，難取不易，凶。
九六，漸升冪，反演無咎。
象曰：漸義以緩，行中有機，雖升冪，反演可得，無咎。
六五，漸錯演昭，貞厄。
象曰：往昔錯昭，後演序續，其厄貞存於義易矣。
六四，求降有漸，利涉大川。
象曰：升之誤，求降取，有漸昭之正，利涉大川。
六三，錯昭昔基，貞固。
象曰：過往錯昭，以為所基，雖亨，其能壽有限，貞固。
六二，隱剝，終厄。
象曰：錯昭誤型，雖亨而在，易隱剝矣，終厄。
初六，補映取始，慎恤，利艱貞。
象曰：有錯昭，引以補映，伏變也，慎恤，利艱貞。
陽辨：◎錯昭，大勢演變中，虛逝脈絡的短錯。智能仍然延續生物感官的走向，從「有一」升冪出發，而非常鮮少運用無一的觀點，必定升岔而反向。倚寇馭卦，其格局的正反同存，人類大多數選擇，都是選擇相反而能通的情境，捨皇大而居寇小，則在降冪大體下，遺漏的更多正確的虛逝選項。所昭顯出來的現實因果過程，與降冪大體相逆，人架構的事態，其能力上限、壽限、暨存亡之則，由此易顯而成。故曰：「錯昭脈亡」。

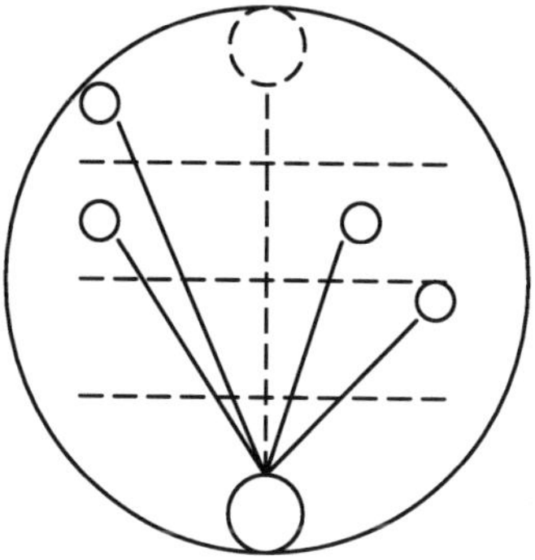

陰識：◎至理無極，變易無窮，任何昭顯之態，沒有「理所當然」的天命。故沒有永生不變的型態，沒有永遠不亡的體系。錯昭之中，升冪形成隱藏不知的「因果徑」，其初始時，未可料者，必以銜接而至。意料外以此生矣。

— — -·- — -·- -·- -·- -·- — 迄輟卦

迄輟。至其輟棄，制新擬，利涉大川。

象曰：迄輟，迄至其輟棄，固域之阻，而成制新擬，大取我能，故大勢也。

象曰：上漸下頤，迄輟。智者以擬新位變行。
上九，自新存，貞固。
象曰：新存無可仰，必自迄也，貞固。
九八，取勝他體，元亨。
象曰：迄輟艱擬，雖作位不顯，而後可取勝他體，元亨。
六七，迄輟極變，利貞。
象曰：存體之上，迄輟極變，因以極而求，利貞。
九六，倚固域所阻，利艱貞。
象曰：迄輟大運，必倚其阻蠶變，利艱貞。
六五，迄輟之勝，利涉大川。
象曰：迄輟新制，以體勝也，利涉大川。
六四，沌困之棄，厄。
象曰：其不可及而棄也，輟之甚矣，厄。
六三，迄愚動，凶。
象曰：不恤他能，唯己主位，愚固不可制也，凶。
六二，漸擬之艱，利新制。
象曰：雖有艱，迄運不不懈，利新制。
初九，迄輟慎勝，利悠遠。

象曰：體勝而未正勢，故慎勝不喜，利悠遠。

陽辨：◎迄輟，運行體制無法達到的混沌狀態。所以一個體制中的某些單位，從時間，從空間，兩者的混合，就可以運作某些，體制原本無法達到的混沌狀態。

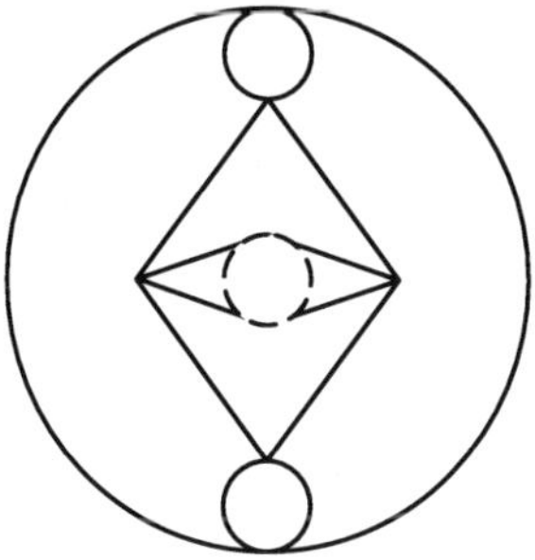

陰識：◎倚情核卦，時空深層結構，為慣性生存在而相對形成，則必然存在，慣性至存在之間，可以運行的混沌不明之狀。也就是已知座標系之外的座標點。

慮息卦

慮息。智歧漸構，以成異息，不利貞。

象曰：慮息，取其息構，而引智演，真慮也，不孤溺於固，利涉大川。

象曰：上漸下蒙，慮息。學者以不鄙異制，求究因演。

上九，自擇同息。
象曰：自擇同息，其攸必然。
九八，慮息漸擇，利艱貞。
象曰：雖漸擇有顯，不可怠也，利艱貞。
六七，智大限，不利貞。
象曰：慮息之往，智大限，文明不永續，不利貞。
九六，通列慮息，元亨，貞吉。
象曰：以通慧而歧變不厄，故而可貞，吉，元亨。
六五，慮息衍聚，利涉大川。
象曰：衍聚而有自進，至亨也，利涉大川。
六四，慮息自啟，艱往，無咎。
象曰：既倚自擇而伏自啟，雖以艱往，無咎。
六三，類構之衍，亨。
象曰：慮息相類以衍，必有亨。
九二，蒙育制，終凶。
象曰：慮息虛逝自失，而不恤，終凶。
初六，適性捻衰，不之恤，終厄。
象曰：其息自擇，必適性矣，所格漸以習溺，必捻衰，終厄。

陽辨：◎慮息，思維息氣論觀，邏輯變化的結構底本。若思維，以及思維的延續即邏輯，是生物體系可產生者。那麼此「物態變化」，必定如生物的其他機能一樣，可以有不同的結構，來達到類似功效，乃至於遠超過現有的功效。而真正的通慧就在聯通列取，不同的的邏輯結構，架構其結構的底本座標。故曰：「慮息衍聚」。

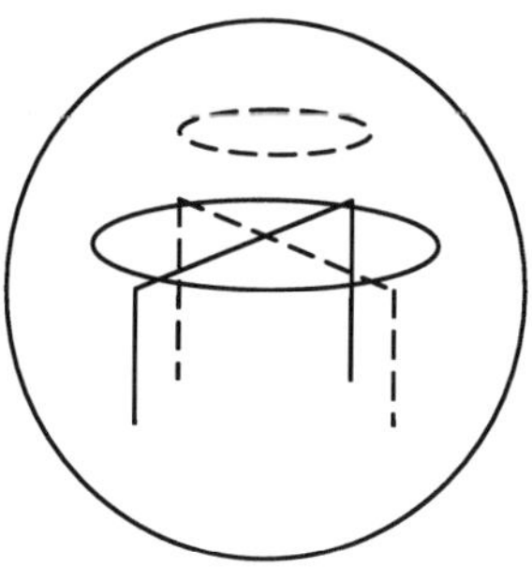

陰識：◎生物的氣息，在漫長的自擇天翦演化中，分歧出多種截然不同的形式，有可以在水裡的氣息，有可以在高空中的氣息，有可以在土壤裡的氣息。乃至於同樣在陸地上的氣息，都有不同的形式。或許自擇思維態勢，變成邏輯概念的智能生物，不見得能長久演化，而會快速滅絕，也可能多種不同邏輯的智能生物，最終無法相互接觸。但是邏輯既然由生物產生，也必然如氣息結構的演變一般，可分化出截然不同，且可類比類推的各種形式。而這種結構，倘若不建置壹種穩固慣性，也必非剛性不滅，而可因更原始的其他慣性，使之衰變或是變質。如同某些生物的氣息與生存能力，衰弱的過程一般。是故，生物的智能與文明，不會無窮地累積，而必然有一定的限度，且此限度，比一般的演化壽限短暫得多。

— — -:- — -:- -:- -:- — —　液降卦

液降。次艮攸等，降而價等，元亨。

彖曰：液降，不貞俱也，液降所變，佈構而全行，曲取正證而大亨。

象曰：上漸下損，液降。學者以液塑易構。

上九，液形不貞。

象曰：以所不貞而定大質，亨。

九八，取液待易。

象曰：類象之塑，必衍待易。

六七，降至恤。

象曰：易有取承，至恤不形。

九六，液降旨承，利涉大川。

象曰：旨承，孕太其構也，利涉大川。

六五，液降曲證，元亨。

象曰：非可直顯，以行塑其形而曲證，元亨。

六四，漸液塑，往吝。

象曰：其構非智，不受至恤也，往吝。
六三，損衝，終厄。
象曰：雖精，體塑不制也，終厄。
九二，待易相影，利艱貞。
象曰：待易相影，其必可深，利艱貞。
初九，相影紐卦，利攸往。
象曰：其可萃也，故利攸往。

陽辨：◎液降，降冪液塑，連冪之下，位皆佈構。連冪之中，沒有單位的存在意義，是故一定義體，必有深淺等價之相影的佈構，而最終液塑於情境定義體之中。破元三義，由以稟行。故曰：「液降旨承」。

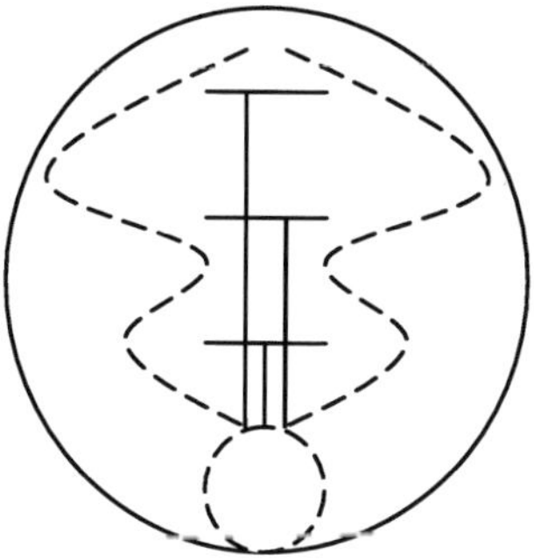

陰識：◎液降複合於任何的情境定義，故次易，制影易六十四卦，為重擇深構易經六十四卦，之初始候變紐帶。

⚊⚊⚋⚊⚋⚋⚊⚋⚋　允敇卦

允敇。擇疊降則，以有成允，不可全亨，貞固。

彖曰：允敇，擇必求義，後重阻而難，必求悅和而允，重允而敇，利艱貞。

象曰：上漸下艮，允敇。智者以克阻取變。

上九，複擇義域。

象曰：降冪疊擇，義域攸往，必以有則。

九八，以不全，貞固。

象曰：易降而不全，允敇之攸，物以貞固。

六七，自擇重阻，往吝。

象曰：入於域，引以貞固，雖欲易，往吝。

九六，允敇和亨，利艱貞。

象曰：允敇和亨，必求重義，利艱貞。

六五，義以受，非亨。

象曰：似有義，實受大制，非所亨也。

六四，擇伸義，不利攸往。

象曰：實非所本也，故不利攸往。
九三，限健易，欲取吝。
象曰：未可允敕，有欲變，取吝矣。
六二，和悅取則，利攸往。
象曰：和悅複擇而取則，近易，利攸往。
初六，高則無義，利涉大川。
象曰：過體越擇，故無義而有則也，利涉大川。

陽辨：◎允敕，疊複自擇體下，動健之悅允。當連續的自擇體系，相互疊合下而成一體定義下，在此定義域中，變化必非全通可變，動健的運行必定有層層阻擾，而必須連通悅和，某些意義條件以驅動。故曰：「允敕和亨」。

陰識：◎倚變卦次兌，降冪中，自擇產生的定義域，必非完整承所高冪之易，而為遺失之體，不可能無條件獲得動健，而達到一切情境。此定義域的動健元亨，必受制於所有自擇體，和悅而需允其所敕，得有條件限制之動健。是故連冪中降冪之下，悅者，遺漏下動健之阻，需義而得動健取變。

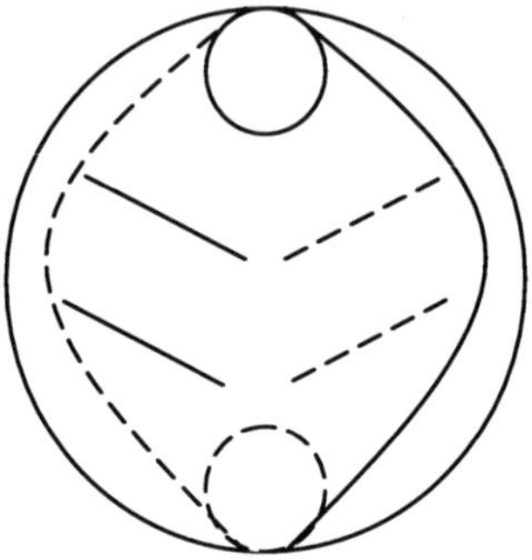

域固卦

域固。次坎之變，以固為塑，以域固蠶變，利艱貞。

彖曰：域固，捨我不往以求彼之不來，法則同失，當不可怠，蓄以蠶變，大利悠遠。

象曰：上漸下賁，域固。勇者以險阻蓄變。

上九，次坎處變。

象曰：其變，有以域固。
九八，捨則，慎恤。
象曰：捨則而虛逝有失，慎恤。
六七，域固同阻，無咎。
象曰：域固不交，是以同阻，無咎。
九六，因廣義，利貞。
象曰：可自變，利貞。
六五，域固蠶變，利悠遠，貞吉。
象曰：域固而我不怠，
六四，域固規隙，利攸往。
象曰：不交而有隙，因以納則，求所大規，始蠶變也，利攸往。
九三，域固大曲，振志，元亨。
象曰：藉以振志，當取智也，元亨。
六二，溺阻域固，終厄。
象曰：不恤自塑也，溺於阻而放權欲，終厄。
初九，矯放去固，始亨，終凶。
象曰：仰外鼻息，似有得也，實不智也，始亨，終凶。

陽辨：◎域固，自固的雙阻性。域固變阻，在變易體剛中而法則全亨之下，是整而不分，我取分之，捨我不可往之則，得其不可來之則。◎域固之真義，不僅於阻而已，而在變阻之下，自我的變塑，以彌其所失之則。是故大險之固，以求自我大塑也。故曰：「域固蠶變」。

陰識：◎倚變卦，塑險域以自固，是情境存在，於自擇大體中，是必然必要之行。然而任何塑險域之自固，必著於變化法則之阻，在變易中性下，法則之阻必然雙向同存，域固阻人之則，必有自阻己則之處。然域固以阻人之知與來，若不溺於愚昧慾望，苟於自域，反蓄於蠶變，則並非全然壞事，反而是在封閉的環境中，取得新的法則，而超過別人的動健能力。

叁何卦

叁何。破元入體，止等而何。
象曰：叁何，雖有冪異差，入體恤情而等價，可分構具往，大致之，大利攸往。
象曰：上漸下蠱，叁何。仁者以恤納百物而聚。
上九，變易高何。
象曰：雖引至高，降同等取。
九八，不易旻何。
象曰：旻何等齊，互無攸。
六七，簡易奏何。
象曰：奏何一體，有所總也。
九六，幾雜動力，無咎。
象曰：雖有始慾，幾雜動力，不涉其維嚮，無咎。
六五，曲艱維力，利貞。
象曰：維本有義，順德之濟，利貞。
六四，深悉嚮力，利攸往。
象曰：近入大廣，原力之利汲矣。
九三，叁何伏衍，漸近等價，利涉大川。
象曰：伏衍，雜不厄也。
九二，蠱取元亨。

象曰：不類而蠱聚，以構架取，元亨。

初六，叄何一塑，貞固。

象曰：雖破元三義，各引異冪，叄何行化以一塑，貞固。

陰辨：◎叄何，具體存在下，變化運行的三分要素。倚破元卦，簡易、變易、不易，皆由一體而分層衍伸，產生不同的取象定義。在情境具體的運行態勢中，卻降而成相互等價，而不互設的三分要素，簡易以複雜形式的投影聚率，而導演態勢走向之「嚮力」。變易以型態原始與演化結構的分布，取則「動力」。不易以對應原始，坤解降冪制約乾綱的扭曲程度與結構，續持「維力」。

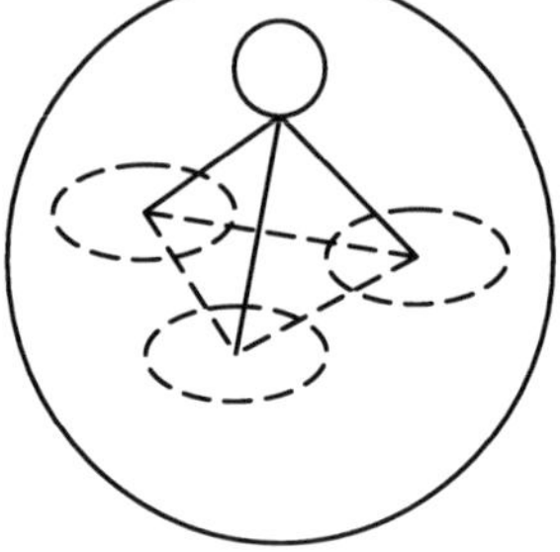

陽識：◎對變易體而言，三分皆為一體，然而從具體形態的變化層次，三分要素各自不相干，可以獨立各取操作。而不需要選擇同一偏類，來組成一個型態運行系統。所以三分要素，為型態變化結構之初始，不偏而廣汲原力之本曲。

一一⚋一⚋⚋一一一　補映卦

補映。感制而非實制，相形有映，誤以正補。

彖曰：補映，錯昭之升，有所共始，以感制之亨而形誤，互補以映，利艱貞。

象曰：上漸下大畜，補映。智者以大畜變誤。

上九，廣情一體，利貞。

象曰：以不溺感制，利貞。

九八，衡準補映。

象曰：補映大體，待須衡準，利悠遠。

六七，寇馭取反，息誤，貞固。

象曰：息誤之固，後有厄矣。

九六，感制大型，無咎。

象曰：雖引其限，有制可往，無咎。

六五，沿所感制，固，終吝。

象曰：有遇求，而固鎖其制，終不得，吝。

六四，映取時演，利攸往。

象曰：補映大亨，時演大鑑，故而取也，利攸往。

九三，漸蓄以補，利艱貞。
象曰：漸蓄而補映相形，可變大制，利艱貞。
九二，大畜之謀，利悠遠。
象曰：大畜之謀，補映之成，雖有異端，利悠遠。
初九，昂時補映，有得。
象曰：時義候取以真辨也，虛逝可鑑，故有得。

陽辨：◎補映，情境的顯伏之間，以共同原始，結構互補互映。當事情演變的時間順序相反，產生錯誤，可以共同的原始結構中，空間投入變數而彌補。空間分佈矛盾所產生之誤，亦可以共同原始結構，時間中投入變數而彌補。

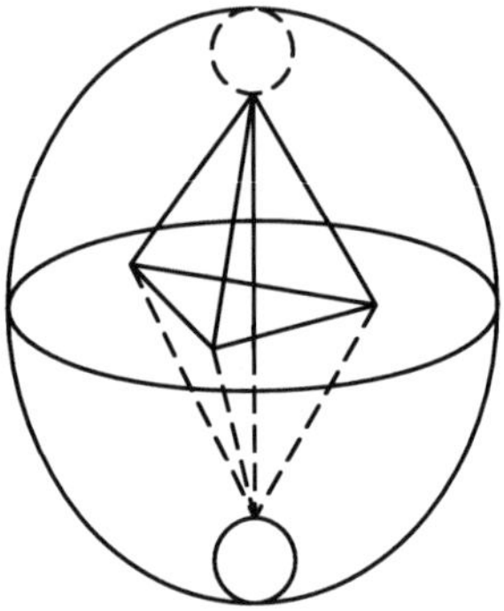

陰識：◎變易體無時空之感制，感制為生物生存之自取，而後演虛逝脈絡。倘若時間情境

與空間情境，因虛逝之脈絡衡準對映出，正確或錯誤，則時間與空間，必相互補，才能有所矯正。只是感制於時空的生物意識，未必能真的因之明瞭，何為錯誤何為正確。◎倚寇馭卦，人的行為時常做相反的事情，成升岔之困。所以歷史暨文明型態順序的演變，我們以為的順序與結構，不見得是正確的順序與結構。知識體系的演變順序，也同樣如此，這種錯誤的產生，就限制了，空間為主感制的能力，或是其時間為主感制的延續。

䷀䷀䷀ 抳源卦

抳源。抳代取，義有形，雖不固，利攸往。

象曰：抳源，坤降曲綱，不恤本始，然降存暫以，源不濟，其義非所是固。

象曰：上家人下晉，抳源。仁者以曲始倚義。

上九，降鎮大抳，元亨。

象曰：降鎮大抳，坤漸得曲，元亨。

九八，曲綱抑始，取義。

象曰：降以有曲，抑始之扼，取正義矣。

六七，坤降制乾。

象曰：坤制乾，其易曲變。

九六，抳治大曲，固，吉。

象曰：大曲而可悠遠，固其治，吉。

六五，抵源其始，利變亨。
象曰：抵源其始，其可變制也。
九四，晉得大義，貞吉。
象曰：抵源晉得，義勝其利，貞吉。
六三，家人貞制，利攸往。
象曰：其曲有倚，恤有得固，利攸往。
六二，抵源代綱，利貞。
象曰：雖非本始，代綱以行，取正而利貞。
初六，抵源之覡，終吝。
象曰：其不久固矣，終吝。

陽辨：◎抵源，坤抑乾綱，降冪中，坤解對乾綱的扭曲，以成型態暫代。坤以無窮之降，而扭曲以代乾綱投影的機會。

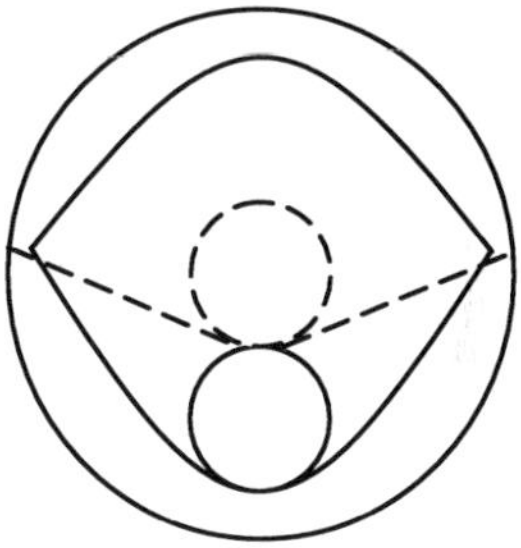

陰識：◎對智能演變而言，原始慾望為根本目標，文明知識當工具，利慾趨向。在知識演繹的降冪過程中，可以在較少的型態狀況下，以原始慾望為工具，文明知識當目標，反以道義趨向。在根本的本性變化中，小人居乾而君子居坤，利慾式直，道義式曲，利正而義偏。所以道義君子可以成立，但是一種原始的暫代扭曲，無論如何教化，不會成為根本本性。◎坤行高冪而降，最高階的變化，必定以之而織，因此最高等的智慧生物，必定居坤使乾，以義使利，居降曲而制始直。才能建立最深層的智能，人類當然不能。

⚊⚊⚋⚊⚋⚊⚋⚋⚊　孕太卦

孕太。靜於潛，不恤我義，往吝。

彖曰：孕太，前因而所遺，作之麗，實不明之體也，孕之隱太，其潛靜而續制動，慎所動矣。

象曰：上家人下噬嗑，孕太。智者析明隱續真因。

上九，靜中不恤。
象曰：其孕隱之靜，不恤於致也。
九八，液降取構，虛涉，亨。
象曰：其時制之積，虛涉隱往，亨。
六七，迄不感，行者不恤。
象曰：其不究析，已行者，必不感也，遺厄於後矣。
九六，孕太靜體，貞固。
象曰：未可見，而不可逆矣，貞固。
六五，天翦籌啟，凶。
象曰：孕太隱體，兩不相恤，天翦籌啟矣，凶。
九四，家人前隱，終厄。
象曰：其所承也，性於一也，孕太後啟，終厄。
六三，噬嗑曲便，貞凶。
象曰：其隱箝而未知恤，貞凶。
六二，義有棄，往吝。
象曰：雖有勤情，義有棄矣，往吝。
初九，孕太破固，利涉大川。
象曰：真取知也，雖艱，利涉大川。

陽辨：◎孕太，液降中，結構點的產生。結構點，後續變化的啟作基礎。因果徑並不是單向，也並不僅於表層顯示，而有高冪的深層塑造結構。潛伏的情境型態，即時間，來成為此累積結構的載體，而由空間來當客體顯現。

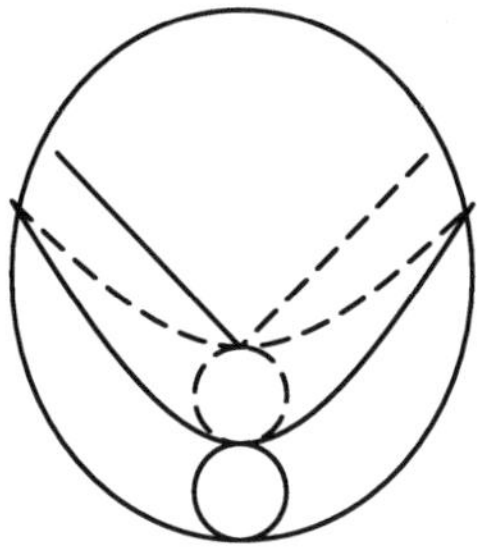

陰識：◎倚情核卦，時間因孕以空間顯示，則為靜態，故孕太累積結構，是可以歸納的很簡單情境體，然而累積在情境潛伏中，常習的知識與定義之外，所以再簡單的結構體也會被遺忘，籌成自擇天翦中，淘汰的前置因素，而讓後面的承受者顯現。是故「孕太靜體」，不恤定義域中的是非道理。

— — -:- — -:- — -:- — -:- 紐柄卦

紐柄。喻域以窮，時有紐柄。

象曰：紐柄，利域大基，紐柄以授，興亡一體取分，其行往雖亨，擇義已固矣。

象曰：上家人下未濟，紐柄。智者以觀存亡興替。

上九，孕太靜制。

象曰：紐柄大倚，靜制而潛擇。

九八，紐柄引啟。

象曰：引啟，其興亡兩致也。

六七，紐柄混引，不恤，終凶。

象曰：兩致同域，賁即所剝，不恤，終凶。

九六，紐柄致權，利艱貞。

象曰：以替固變亡，利艱貞。

六五，變擇，元亨，續存。

象曰：紐柄藉也，雖害，有以續存。

九四，慣固授柄，凶。

象曰：己慣固，授外以柄，鄙也，凶。

六三，家人累擇，厄。

象曰：其難越也，厄所涉行。

九二，欲亨，禍及他駐。

象曰：雖不己受，亦他駐也。

初六，未濟度，利攸往。

象曰：雖遠未濟度，後辨紐柄，利攸往。

陽辨：◎紐柄，定義域瓦解立基。倚孕太卦，靜態的累積潛藏，必有變易的液降取構，而逐漸形成。定義域的內剝外賁之瓦解過程，必倚此為連結的紐帶，成高對低冪改變的權柄。

◎任何的定義體，都是複合的，複合的各自型態都還會相對產生出自行的特徵，甚至產生中性，而不恤組合體的危亡。太上紐柄，以此掌握型態動向。

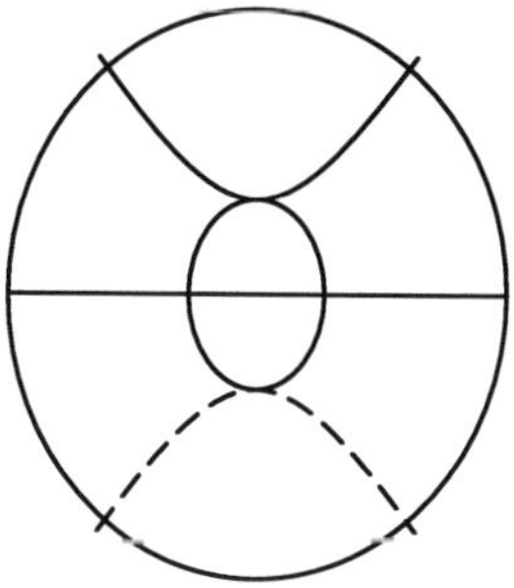

陰識：◎紐柄制義，在存在之義下，翦滅一個型態定義域，必然與興起一個定義域，同紐柄之構而降權，兩者的界構區分，必定由孕太累積自擇之逕，而所顯發。所以一定義體，其壽限長短，早在一系列慣性辨識就已然確立。

⚊⚊⚋⚊⚋⚊⚊⚋⚊ 明極卦

明極。行於沌，其極也，貞立。
象曰：明極，以可行極，而不可明制，其健維用，是以入其情而必受易，行恆也。
象曰：倚入而伏作皆麗，明極。智者以極究易。
上九，上行制，固憾。
象曰：上行制而不可逆，知固憾矣。
九八，明作顯極，往吝。
象曰：明而可作，顯極而不可制，倚為知，往吝。
六七，樞至之御。
象曰：明極之位，樞至而御也。
九六，合一構，利貞。
象曰：必立悠遠，利貞。
六五，明極規知，吉。
象曰：明極規所知，貞而得，吉。
九四，檢沌。
象曰：檢沌，必陷極。
九三，區檢一義，貞固。
象曰：區檢一義，所構有維，貞固。
六二，失明極，終厄。

象曰：鄙遠義圖近利，無可維新，終厄。
初九，率限，利艱貞。
象曰：入其情而必限，利艱貞。
陽辨：◎明極，兩種系統疊合為一的樞紐之義。或許是兩種對等系統，或許是一實系統與一虛標的，或許是兩種變動的意識。銜接兩種體系為完整的系統，必倚兩種皆不可制之態。

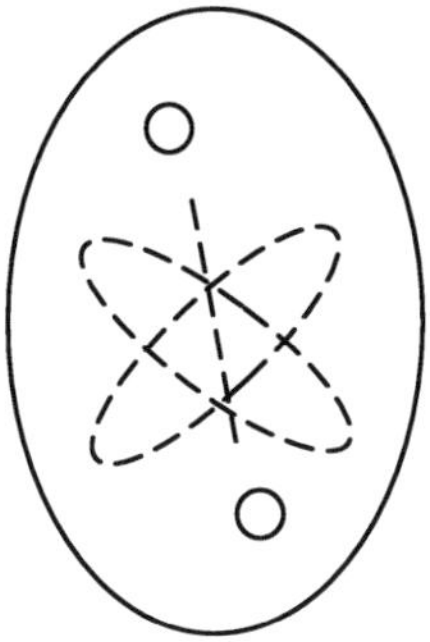

陰識：◎兩個人或兩團體合作中，圖之過早的理想，並非全然沒有意義，而可以成為默契與穩定合作關係的重要紐帶。◎繪畫上由零與無窮，來建置立體透視感，很早就開始，然而此二者只能知其然，不知其所以然。◎倚虛沌，任何被定義為個體者，都是具有連合特徵的系統，而任何的系統都是相互疊合而成，所能定義的一切情境，皆含有明極之態，皆有不可制之者運作於其中。是故只要陷入情境體的架構中，則必有無法克服之樞紐，此亦變易所以降幕而制。

— — -·- — — -·- -·- -·- —　惟素卦

惟素。易一其素，情異而制同，不盪期變，貞固。

彖曰：惟素，其真素也，雖體變而制有續往，固其惟，而可自紀所制。

象曰：上巽下益，惟素。智者以內域自變。

上九，易不恤末。

象曰：雖取時實，易不所恤。

九八，惟素返素。

象曰：其有必然，而可復也。

六七，大遺取素，利涉大川。

象曰：雖似大遺，易素而惟也，利涉大川。

九六，惟素雙義，元亨利貞。

象曰：可繼與，大制無序也，元亨利貞。

九五，返於體，亨。

象曰：雖異所一，易必惟素，返於體而再制，亨。

六四，益復其制，無咎

象曰：易取降已，益復其制，以所複構，無咎。

六三，微失其制。

象曰：雖有微失，固域而惟素再制。

六二，末固鑑，有惘，往吝。

象曰：不本濟矣，故有惘。

初九，割惟趨極，大利攸往。

象曰：以形深維，用具所極，互可繼濟大制也，大利攸往。

陽辨：◎惟素，變一異素，上塑重啟。重新改變單位定義，雖然對情境體制，有極大的變動影響，但是對於變易體而言，基本定義單位只是末態，即使異變甚至破壞了基本單位的存在，也必有惟素的重啟，只是不同的深入取象而已。故曰：「惟素雙義」。

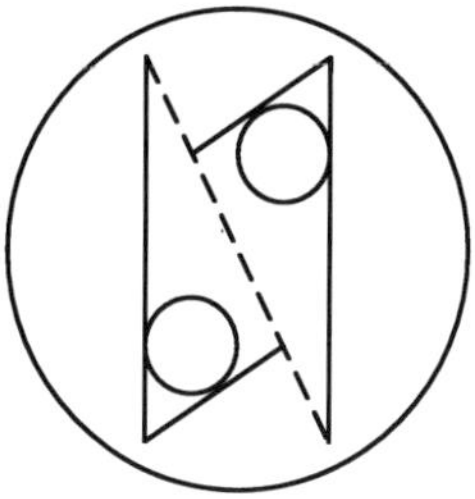

陰識：◎深度的體制建置，必然涉易而塑，任何基本單位的改變，即使情境整體因之驟變，而運行的變易法則，並不會因之受影響。是故惟素大制，必定先存深易，而後涉位制。◎思維體降冪分層，每一層都是不同的，都是流數觀念，與單位數字觀念的修正關係，降制本存，而後返升推趨勢。兩者的差距與調整，在銜接當中，體制成趨惟素雙義。

— — -·- — — -·- -·- — -·- 太漏卦

太漏。遺漏料體，其用大亨。

象曰：太漏，奏遺漏，所述數，核物而再發，情境整網，利艱貞。

象曰：上巽下渙，太漏。智者以奔機用物。

上九，虔遺。

象曰：虔遺，太漏之遺，省其義。

九八，降高製，元亨。

象曰：易降不取象，故先體高製，元亨。

六七，太漏重擇。

象曰：其另以取象也。

九六，太漏整高，利艱貞。

象曰：不取習而後發也，利艱貞。

九五，仿元用制，貞吉。

象曰：太漏可價，仿元用制，大得也，貞吉。

六四，駐態之佈，無咎。

象曰：其習取象也，非所本制，而駐態有佈，無咎。

六三，渙制取亨。
象曰：渙制而覆核，其利攸往。
九二，遺變旋奏，利涉大川
象曰：其分易之攸也，合舊，利涉大川。
初六，述數大術。
象曰：太望之仰，無咎，而述數大術，終可致也。

陽辨：◎太漏，影六十四卦之一，遺漏象的數制，決定物體駐態。易無數制，即萬物本質都沒有數，是有取象之辨後，才產生數制。而物體與空間的互動駐態，取決於相合遺漏的數制大小。遺漏象之數制，在變化的本質上，無論任何狀態，都是相等的契合，倘若改變時間或空間或整合體之分佈，或是改變物體駐態，則產生不同的分佈效益。

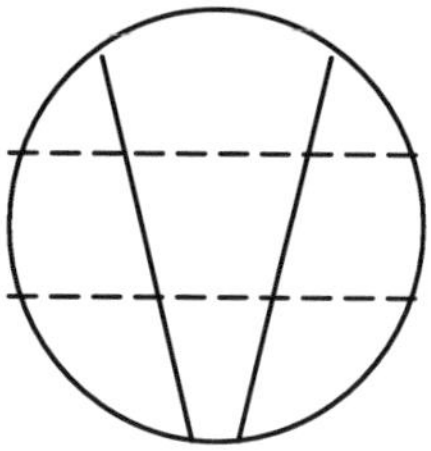

陰識：◎在一個虛擬的，無實體空間形狀中，切割空間中的物質客體相容，設定氣態、液

態、固態，三種單位形式。以時間與空間混同的整體觀，倘若虛擬的空間形狀改變，則氣態與液態，仍然可以相隨契合，新空間的形狀，而固態卻產生不契合的遺漏象，而有形狀尺寸數制大小，與空間分佈效益的計算問題。又兩者同時改變，加入時空整體的考慮，液態的遺漏象又高於氣態。是故氣態液態固態，三者是連續體，有固態之更下也有氣態之更上，乃至有之間的連續態。◎屬著新物行觀，以變易之維成數制，遺漏象取制於物體運行，其根本於太漏之辨。

—— —— -:- —— —— -:- -:- —— ——　通與卦

通與。上行隨與，通則順逆，元亨。

象曰：通與，必與之亨，順不愛逆無尤，容逆抗而未躍其位，自遺所則，而終有吝矣。

象曰：上巽下中孚，通與。學者以因自然塑制。

上九，通銜天憲。

象曰：易降也，通銜而元亨，天憲無形，必與矣。

九八，通與期翦。

象曰：自遺而天翦，則行所期。

六七，則與之吝，有惘。

象曰：法則通與，型存有吝，故必惘也。

九六，通與無逆。

象曰：其必與矣，不利貞。
九五，慣則之逆。
象曰：容逆易也，行自遺而已，終厄而未知。
六四，塑型通與。
象曰：似抗而未實，其隱位而有自失。
六三，中孚則信，利涉大川。
象曰：中孚則信，通與於行，利涉大川。
九二，通與抗情，吉。
象曰：其中可自擇，吉。
初九，無期義，貞凶。
象曰：有期翦，而無期義，何可長也，形大過寡矣，貞凶。

陽辨：◎通與，影易六十四卦之一，天翦的根源。自擇與慣性形成體系存在，對抗環境的塑型，不被外在所屈就，而自擇新的態勢。然而在對抗當中，實際上仍然已經被環境塑型，只是拉長了塑型的時間與空間的範圍，受更高維更形上力量的塑型而已。故塑型的時義，通存隨與於，自擇與慣性產生的型態存在之中。

陰識：◎生存與演化兩主軸，通與以連貫。自擇必然緊隨慣性，而倚聯綱卦，其所產生的對抗塑型的生命現象，以及其生命延續而演變，最終只能是片段影存。◎這種生命方式，即使產生所謂智能，也無法判斷外界前題所包羅的涵義。反而是在矛盾當中運行其自擇態勢，也就是無法超越，塑型自身的法則之臨界線，而最終的意義，仍如同普通物質受塑型改變。

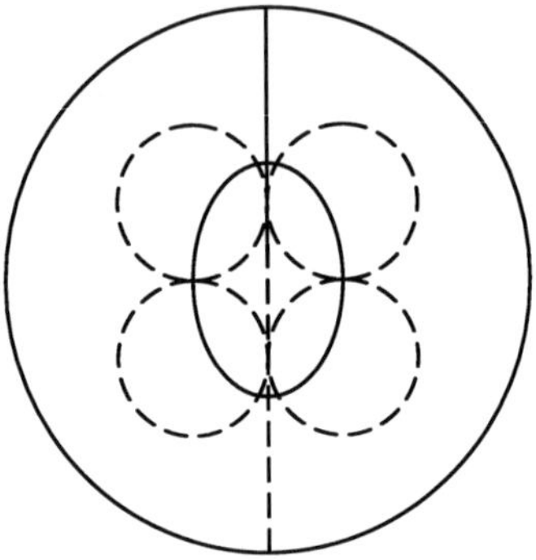

 屬尺卦

屬尺。升以有差，擬屬於一，學尺大致，元亨。

象曰：屬尺，統巡窮儀，相屬統一，雖具易以虛，而數制致極，大利悠遠。

象曰：上巽下漸，屬尺。學者以用學極緻擬一。

上九，窮統之屬。
象曰：窮統之屬，大遺之大取也，以涉尺制。
九八，無攝設一，往吝。
象曰：雖可曲緻，其以無攝而設，終未大曲，往吝。
六七，漸微其歧，貞固。
象曰：漸微，以升岔，其必有歧，貞固。
九六，無屬具尺。
象曰：兩儀統域，無屬而相映有具。
九五，極屬學尺，元吉。
象曰：雖虛而極也，其屬學尺，大亨，元吉。
六四，嵌屬窮尺，亨。
象曰：以近設統，而衍數制，亨。
九三，遺漏儀取，利涉大川。
象曰：大倚之仿，雖遺漏，儀取而大得，利涉大川。
六二，屬尺極級，往吝。
象曰：其虛也，可近而未臻制，往吝。
初六，合設數制，利攸往。
象曰：以艱貞取涉，利攸往。

陽辨：◎屬尺，統巡下的虛體設一數制。倚統巡卦，情境體架構的法則，在無窮兩儀相嵌下，無一降幕下，不同的取象敘述方式升岔而求制，必然有不同的深淺，即使是短小到無法察覺的差距，也具備不一的深度與潛力。在這領域中，實體無一之虛像相嵌，必可設「統一」的極緻數制。

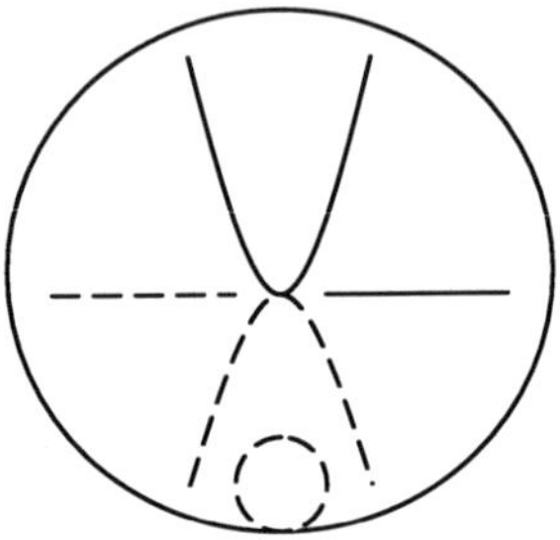

陰識：◎一法則有無窮多的敘述方式，相互之間會必有度量差距，即使架構一致，無法區分，也會因當中差距。從當中必然不同，體現無一的本質，又從無一的本質，虛體必設，整個統一之域。

一一⁝一一⁝一⁝一　統巡卦

統巡。相對維體，據巡嵌雜，大維所擇，貞固。

象曰：統巡，據數統制，格義情境，擇有所衞，統巡大亨，大利攸往。
象曰：上巽下家人，統巡。智者以數制衞護。
上九，降展情。
象曰：太上與降，必深儀矣。
九八，兩儀契合，元亨。
象曰：契合之先，情境後附，具以元亨。
六七，穹統廬巡，元吉。
象曰：分體同化，而統巡大維，元吉。
九六，極擇曲御。
象曰：曲御以大用，自擇本護，無咎。
九五，對序巡嵌，利悠遠。
象曰：嵌以成序制，統巡以作，利悠遠。
六四，統巡合御，貞吉。
象曰：其以智用也，威以深複，貞吉。
九三，家人制貞。
象曰：家人制貞，其護本擇。
六二，統巡制域，利建衞。
象曰：以可固也，亨。

初九，統巡制時，利使據。

象曰：以可進也，使所晉據，利攸往。

陽辨：◎統巡，後攝影易六十四卦之一，兩儀相對延展情境體，當中所建置的巡御。任何的情境數制，都架構在兩儀相對的延展中。所以相對相應的概念，與相對矛盾的事態，相互都是可以契合而建置巡御機能，而導引或控制情境體，動健的運行。

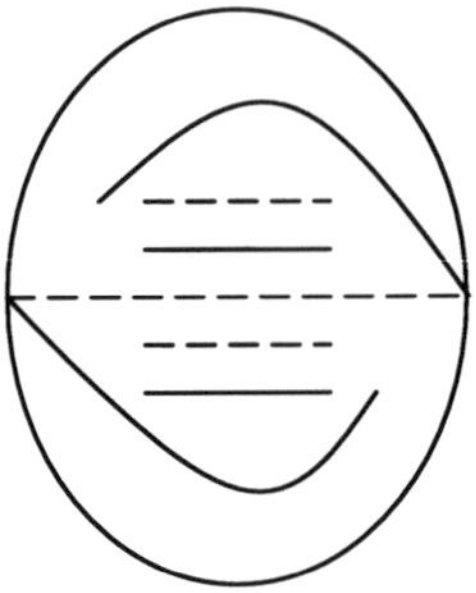

陰識：◎複雜的形成根源於，從物質到物種生存乃至慾望，一連串複合的自擇，而簡單，則起於其相對延展。運用複雜數制建立的物體，結合簡單相對的數制基礎，或是相反建置，就可以切割空間，或是時間之規制。在統制數巡的運行當中，穩固自己的自擇體存在。◎簡單深邃所以穩固，複雜淺薄所以靈變，任何相對應概念越相互嵌雜，自擇體數巡越穩固。

渉運卦

渺運。涉於真一，實已虛體而遠易，有惘。

彖曰：渺運，雖不實易，於情制真一，運可易慣，而可過越所難，大利攸往。

象曰：上小畜下否，渺運。智者以質體弘遠。

上九，無一降涉，貞固。

象曰：失遺至理，無一降涉，取真一，而有貞固。

九八，渺運環制。

象曰：倚大降，情境存體，必有環制，成存也。

六七，渺運同涉。

象曰：同涉於易也，遠而大虛，以取大運。

九六，渺運真一，利涉大川。

象曰：倚而擇變，慣有大適，故利涉大川。

九五，慣有制的，無咎。

象曰：作而有其存也，無咎。

九四，無體育真，利艱貞。

象曰：易涉無體，慣有育真，利艱貞。

六三，失一依，惘，終吝。

象曰：參的曲變，制易而體不易，終失一依，有惘矣。

六二，小畜取一，不利攸往。

象曰：取一而終衰，故不利攸往。

初六，否其運，無咎。

象曰：真一以攸，其動易之制也，無咎。

陽辨：◎渺運，情境的真一帶。變易體降冪而無一中，任何的情境規範，都因而隱存取一的「渺運真制」，而為慣性的體制形成帶，而當「取一參考」產生變易時，對變易體而言還是一致的，然慣性的基本渺運卻可產生異變，進而慣性可以產生不同程度的改變，相對出自擇形式運行，再延伸有不同的存在體制。倚忖階卦，是故「渺運真制」對於情境體而言，就是最遠離變易體，最終最簡單的「真一」之態。對應於上制變易的再降冪之動態真一。

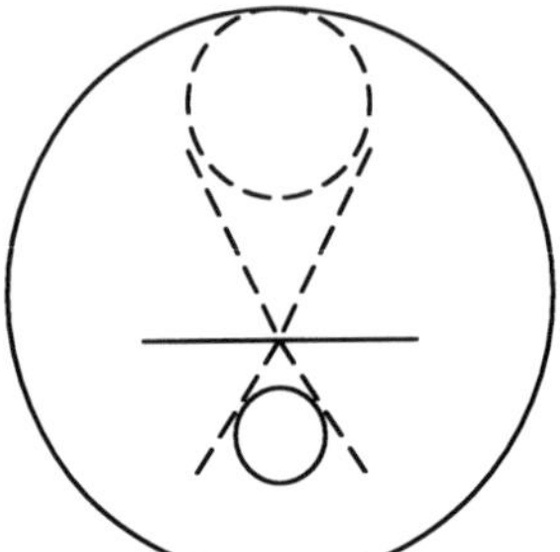

陰識：◎所有的慣性都存在參考單位，無論是運動慣性還是行為慣性，乃至於思想慣性。

運動有相對參考體，行為有意識型態目的，思想有取象的單位。當參考單位轉移時，慣性就產生本質與體制性的變化，而慣性決定存在，衡量存在的體制，就會與原先產生差異。對變易體而言，都沒有差異，是取象的自擇改變而已。

⚊⚊⚋⚊⚊⚊⚋⚋⚊ 蜃籙卦

蜃籙。情潛大喻，後制而證籙，元亨利貞。

彖曰：蜃籙，在顯而未可識，不恤而大失，吝必誤也。所蠕自制，蜃影具顯，求大亨於籙籍，利涉大川。

象曰：上小畜下無妄，蜃籙。學者以求析蜃制。

上九，蜃籙不貴。

象曰：顯於俗，蜃籙不貴，蓋所失籍也。

九八，隱息之遺，往吝。

象曰：隱息之遺，巽可作矣，往吝。

六七，蠕變，顯式，吉。

象曰：雖未通制，顯式可析，吉。

九六，蜃籙悖動，利攸往。

象曰：大懾也，可倚證行，利攸往。

九五，引悖大喻，利涉大川。

象曰：動健有制矣，亨所籍，利涉大川。
九四，變不據，凶。
象曰：不鑑所蜃，變不據矣，凶。
六三，隱息小畜，終厄。
象曰：隱息小畜，結變而不顧，終厄。
六二，蜃籙蠕殖，慎恤。
象曰：蜃籙蠕殖，比闇引源，慎所恤矣。
初九，鄙蜃籙，愚厄不悔，貞凶。
象曰：大失其鑑矣，厄亦不悔，何可挽之?貞凶。

陽辨：◎蜃籙，情境潛伏的預動，潛隱蠕變的訊息網。倚詣蠕卦，潛藏大義不展開之式；整體隱藏訊息的活動，並不為組成體所制，故其所聯結情境彰顯之式，並不能被組成體的常習慣性所理解，其為彰顯而蜃影不據，潛伏之情受變易體之運，與之諧而共作矣。是故情境潛伏的預動指標，即事態隨時間流動之走向，其為蜃影而可析觀，懾悖本體的動態，故曰：「蜃籙悖動」。

陰識：◎情境潛伏彰顯之連，暨因果之律，為蜃籙所結，是故用常習經驗規劃出來的因果律，即使再詳盡，仍若合若離，似對又誤，蜃籙滲作，見識有缺之故也。◎多數的人，並不會把不可理解的蜃影，當作一回事，而正確或錯誤選擇的預顯，卻在當中投射而待察。比闇所源，蜃籙蠕殖，智者追求其通識，求學其大亨，蜃籙、詣蠕之喻，其後學之制大哉。

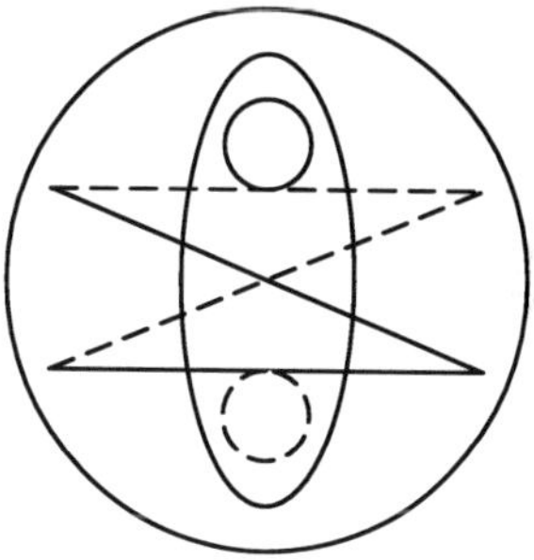

詣蠕卦

詣蠕。行盲，蝕矣，速所大限。

象曰：詣蠕，大限速招，未必以知，義不展也，隱而另顯，未可識也。其不入制矣，蠕而蝕情，故有所速。

象曰：上小畜下訟，詣蠕。大人以通下情知義。

上九，情體深詣。

象曰：情體伏而大倚，易逆深詣，呈限亦存蝕矣。
九八，詣蠕，大利攸往。
象曰：詣蠕先制，近達所健，大利攸往。
六七，詣蠕尚造，無咎。
象曰：雖不盛，尚造之，其壽行也，無咎。
九六，異大同，亨。
象曰：雖各有異，制而大同，必有上詣可教，亨。
九五，小畜制教，元亨，吉。
象曰：小畜制教，詣蠕通制也，緩蝕元亨，吉。
九四，隱爭訟，終凶。
象曰：隱爭訟，愚瞽不會，終凶。
六三，詣變，往吝。
象曰：近大義而不與，詣變而蠕行矣，似勝，終往吝。
九二，另象訟殘，貞凶。
象曰：行不義而未立返，是以另象而訟殘，非可避也，貞凶。
初六，失詣蠕，不得，後厄。
象曰：圖且過，失之甚矣，終不可得，後厄矣。

陽辨：◎詣蠕，組成大義不展開狀態。單位與整體，在組成整體之下，兩者之間互相關聯的主旨訊息，必有隱藏不展開者，而此不展開的主旨訊息，會自主成為非體制規劃中的系統與顯現，從而逐漸反噬兩者之間的關連，加速其正常的衰變週期。故曰：「詣蠕蝕情」。

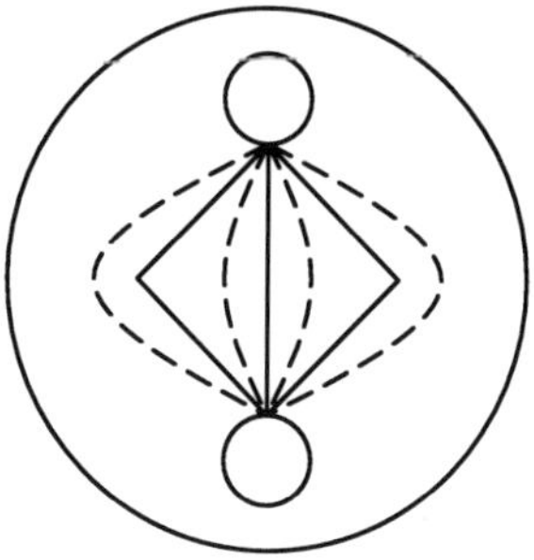

陰識：◎個體不展開訊息理論，從細胞到個人，個人到國家，都存在這種訊息態勢在流動。所以整體不只有先天的壽限，尚有加速壽限週期的因子，而呈現在形式相同的狀況下，壽限仍有長短差異。◎古往今來，上有未言之欲，下有不言而願。或不可言之，或無法言之。此訊息狀態之得與不得，所展演的情境顯現，則決定其王朝政權之長短，與整體盛衰之狀。

䷑䷒ 古塑卦

古塑。小足則大缺，大行用虛，以義其塑。

象曰：古塑，鑑之過往，型而利大體之塑，微解通古，可益塑其識。

象曰：上小畜下履，古塑。學者以建識。
上九，歷古濟識，貞固。
象曰：古塑天倚，欲棄而益在，貞固。
九八，通古塑識，元亨。
象曰：皆有其過往，通古而塑識，行不吝，元亨。
六七，小蓄應位，貞吉。
象曰：眾識進虛，義以虛應，貞吉。
九六，教類不一，亨。
象曰：小蓄成，教類不一，古塑攸往，亨。
九五，史履，莫鄙。
象曰：虛影必存，莫可鄙也，欲棄而益在，凶厄及矣。
九四，古鑑成學，利艱貞。
象曰：古鑑通博，成學而淵，識廣也，利艱貞。
六三，兼眾維體，曲之，凶。
象曰：當中正矣，以而曲，凶。
九二，履其宏，利悠遠。
象曰：維體而識虛，合以及時，構虛而利悠遠。
初九，維體有徑，塑，大亨。

象曰：鑑解維體，有其徑，塑而大亨。

陽辨：◎古塑，個體經歷在兼眾意識中的延展，而可塑作團體意識。意識之本型，從原始物種結構出發，由其「經歷」所塑造。當個體意識「體具生成」團體意識時，個體執著本身利益之經歷，對團體意識來說，不足以形成為意識能力的基礎。◎個體意識對團體意識來說，雖然具有內界乾綱，但是其對外界的運行基礎，卻不能通用，也就是對外界所運行攝係者，不能拿體具生成的原始基礎運作。所以一個民族或國家，雖然都是由自私的個人所組成，然其歷史文化的意識，無法用個人層次的利益與價值觀去架構。故重視實體利益的個人，組成越大的團體，則會需要越弘遠虛幻的意義，當作運行目標，才能產生較強的運行力量。

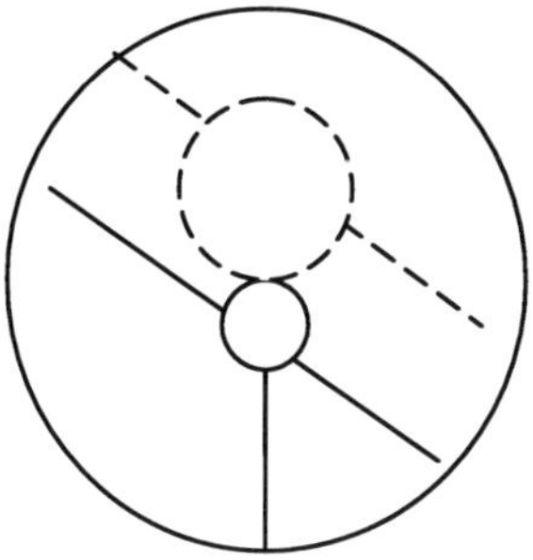

陰識：◎從遠古至今，已經有無數生命意識消失，而構組的物質仍然無情地循環存在。生

命意識若對物質來說，是虛遠者，團體的意識由個體組成，也會被當作虛遠者。兩者的變易路徑，雖不全可同日而語，然而都存在無情地末浮之象。◎即使有再多的資源，來滿足團體中，每一個個體的利益需求，若沒有思想與意識之理，來凝聚一個團體，仍然不會有力量。◎任何的思想體系都來自歷史塑造，而歷史哲理之極限，在於入達攝係意義，以塑作團體意識的運行層次。故曰古塑之易，化行歷史，入論隱錄。

經繁卦

經繁。學思明智，無惘，元亨。

象曰：經繁，艱繁亦經，深辨以思，複維有展而即，可自經論也，元亨。

象曰：上小畜下遯，經繁。智者學而後思，以經其論。

上九，常習所遺，危吝。

象曰：常習所遺，漸生不及，易之而生危，吝矣。

九八，輯漏，取適，不利攸往。

象曰：取適而行，思慼不即，雖生，不利攸往。

六七，自義，無不利。

象曰：自義雖差，經繁以正，廣鑑識，無不利。

九六，遯式經繁，利悠遠。

象曰：遯式，似無義，存本經繁，大得後也。

九五，繁小蓄。
象曰：艱繁存本，小蓄以廣。
九四，深經繁。
象曰：深經繁，成二維而構。
九三，遺等之敵，厄。
象曰：遺所輯，亦等價，可相敵論，厄。
六二，啟複維，吉。
象曰：經繁之度，以啟複維，真維新，吉。
初六，複感，無咎。
象曰：得複維以貳感，利得，無咎。

陰辨：◎經繁，邏輯路徑所遺漏的變化存本。因經驗所產生的邏輯，是很簡略且為單維的架構。一邏輯段，任兩意象連結之間，都有現實發生而不受節錄的變易。◎這種現實發生而不受邏輯忽略者，逐漸就產生整個思維，與現實的脫節之狀，當脫節到一定程度就會出現「意想不到」。

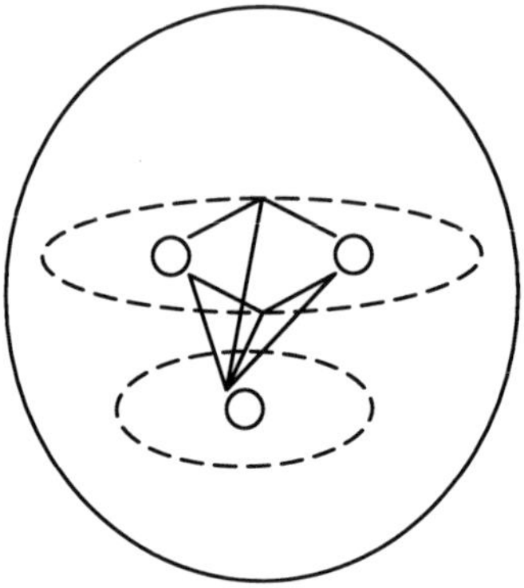

陽識：◎所遺漏的變化存本，實際上可以被智能更詳盡包羅之，每一個意象連結之間都可以建立一個經論，只是過於繁瑣，常習邏輯以為無用而可以捨棄，然而在變易的連結中，存在就會是等價，此捨棄可以變成相敵的遺漏體。故論易之初，必由最簡單的意象，經論而繁喻。◎經繁這種遺漏，使意象廣度到一定程度，就會架構新的深度，而使邏輯從單維，往深層建置第二維通徑。

— — ⁚ — — — — ⁚ —　段檢卦

段檢。失略，其慣迷，無正義，不利攸往。

象曰：段檢，識輯非徑，有已可段，相形檢組而以其健作，雖深艱，貞而大得所啟也。

象曰：上小畜下同人，段檢。智者以制段，艱求深易。
上九，易大徑，貞固，往不得。
象曰：大徑而深維不示，往不得矣。
九八，識段小蓄，元亨。
象曰：識段而轉其慣，除迷，小蓄其學，元亨。
六七，同人之失，往吝。
象曰：同人陷宗，易不得，往吝。
九六，始變再段，利涉大川。
象曰：已非貫，始變再段，所輯深織，利涉大川。
九五，自術，元亨，利艱貞。
象曰：以不仰人，段檢勤行，元亨，利艱貞。
九四，略段檢，深復學取，吉。
象曰：深復，後用義，行可證也，吉。
九三，覰段檢，未深究，貞厲。
象曰：行艱而未深究，亦有遺，貞厲。
六二，小蓄學合，無咎。
象曰：小蓄學合，雖未臻證，可後演，無咎。
初九，維學段檢。

象曰：利所深究，明易也。

陽辨：◎段檢，分段相形以得深檢。邏輯具有不連貫性，看似一氣而成的推理，相對於現實的變易，必定有落差。之所以看似論通，只是運用經驗，截彎取直而論其常徑而已，並非變易真行之徑。◎是故一般的通貫論述，都是圍繞一個中心思想的理論，較難憑其取得更深層的，所遺漏的邏輯。

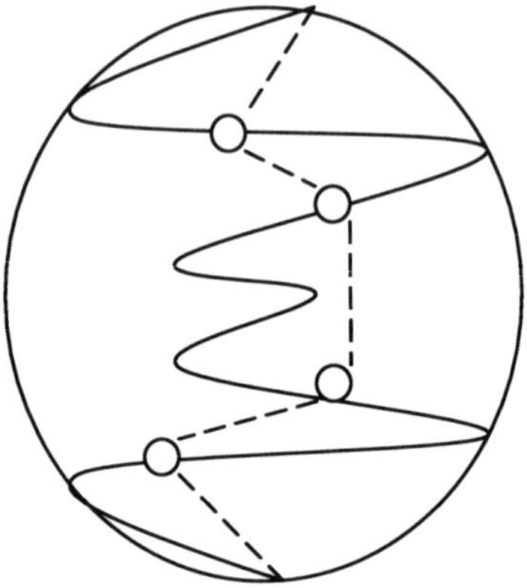

陰識：◎倚本維卦，邏輯不連貫的程度，受思考體的本身物態的影響。然而無論這種不連貫的程度多嚴重，都可以在其片面當中，移除強使連貫的部份，成為諸多片段而各自深入。

◎次易為何要切割同一種思維於不同卦，產生了支離片段之論？人的智能邏輯，對自然真實變易來說，不是連續體，本身就是靠感官經驗，片面連結起來的。以為是一貫的因果，實際上中間忽略了很多關鍵，用經驗意識概括，強使之連貫而已。故一思想體系，要進入最深層，必須要自我切割散離，從分散的支離破碎之間，相形檢組較為深層的變易訊息。

教流卦

教流。返始育化，不入文賁，為正學教，亨。

象曰：教流，行教規源，健流知作，以形大學，入亨也，利攸往。

象曰：上小畜下姤，教流。學者以思教學之源。

上九，生中不文。

象曰：生育，中矣，不入於文。

九八，小蓄育化，利艱貞。

象曰：勉為利矣，雖不正達，亦有助也，利艱貞。

六七，行形獸，本義，無咎，吝。

象曰：始義無是，人可形獸，包華之義，本無咎，偏行吝矣。

九六，姤章，品咸。

象曰：化育庶類，以源品咸。

九五，訊生語，取顯，元亨。

象曰：教流返始，內求訊達而取顯文語，大利，元亨。
九四，剛正教，吉。
象曰：據剛而正教，逆不可破，利行，吉。
九三，返始構教，大得治。
象曰：規源而健流，返始用智而教，故大得治也。
九二，偏賁始逆，厄，終凶。
象曰：偏賁於始，不同形行，必有逆狀，厄，終凶。
初六，生義相應，亨。
象曰：教流之義，據生衍，識行相應，亨。

陽辨：◎教流，教化規制的動健源流。乾綱，事物變化的動健脈絡。而人的原始思維訊息，源於物種時義，沒有文明是非的取象，不見得認同，後天性質的文明生存規律。所以可以人面而獸心。故教化的層級，不能僅從文明後生的語言展開，而當入於本性的語言，衍伸於文明意象中。

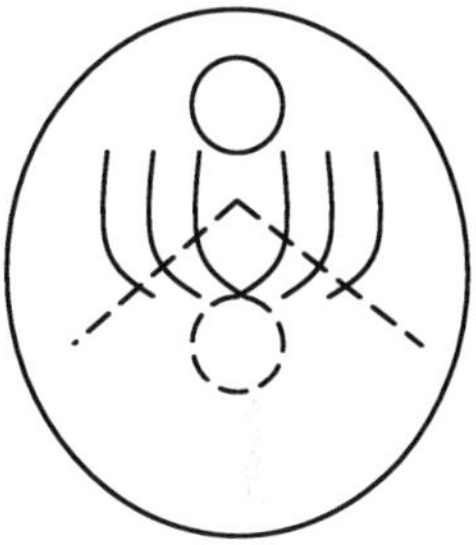

陰識：◎因倚物種本性，人類之語言基於先設目的，然後才尋找自認的合理性，而從古至今的教化，多行以外制內的一種流程，甚至施教者已經先被豫設一種目的；目的或許是保護權力階級的利益，或許是某種既定的社會價值，或許施教者本身的預期利益。宣稱以文明而化育人的原始獸性，而事實上，文明型態只是替其包裝。◎人類知識的累積不能言少，開學著作的賢者不能說不智，然本身基於原始訊息之豫設，並不會被這些知識所影響。

一一一⚋⚋⚋⚋⚋一　範中卦

範中。末以潛，先原中性，貞固。

彖曰：範中，先原之存，雖具其性，末義顯中也，延範續性而展時義。

象曰：上否下復，範中。智者以經圖時義。

上九，易降情潛。

象曰：易降而展倫係，情可潛也，成時矣。
九八，先原趨中，不得。
象曰：先原已遠，趨中性，往具而不得矣。
九七，範中定區。
象曰：情潛漸現，範中定區，未可道也。
六六，範中上否，往迷。
象曰：其規展據情，非可圖求，往迷。
六五，現末存，無咎。
象曰：現有具象，末存矣，雖不由，無咎。
六四，誤範性，不利攸往。
象曰：先原範中，誤識偏性，故不利攸往。
六三，相性再中。
象曰：現性已偏，後相再中。
六二，易降延，後義，利艱貞。
象曰：後義之動，利艱貞。
初九，潛復倫時，貞固。
象曰：範中復義，潛也，倫時義，貞固。

陽辨：◎範中，對末態的存在來說，形上體或是先原體，會隨著時間的延展漸趨於中性。◎每一階段的演變，其先原體都依其性質，演變出一定範圍內的無窮後續狀態。故時間的推延，就是先原中性的不斷延伸，而有情境潛伏，並產生出來時義的變化。

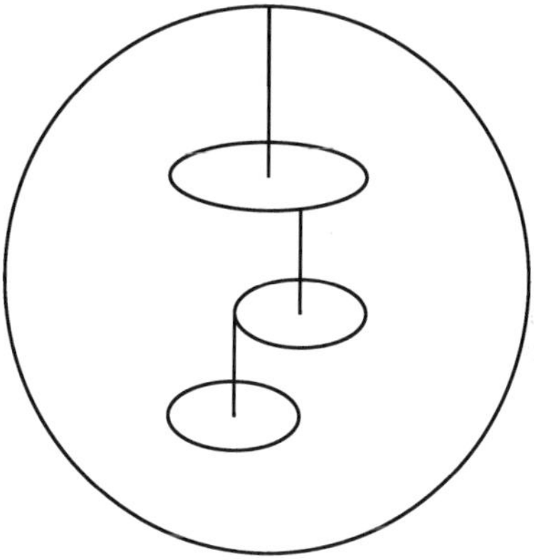

陰識：◎從考古中探索祖先的生存，或許其兇殘原始的行為，很難讓現代人接受，然而在當時的時空，這就是必然的行為。對現代的文明來說，他就是演變的先原基礎，一種中性的存在，才產生我們所存的現代，故不能用現代的是非觀念，去看那個時代的先祖。

⚊⚊⚊⚋⚋⚋⚊⚋⚋ 否情卦

否情。異祝，其變有自，元貞。

象曰：否情，本貞固，情有隙，或與相取而亨，其速所新演也，艱吝。
象曰：上否下謙，否情。智者由隙因作。
上九，同因存。
象曰：同因存，時本同固。
九八，易度引變，不利攸往。
象曰：雖同，引變而異祝，不利攸往。
九七，共存象。
象曰：共存象，果律之演也。
六六，否情庸謙，不得志。
象曰：未知深義，雖謙不得志矣。
六五，隙衍爭，厄。
象曰：小人甘言，隙必衍爭，厄。
六四，定因，元亨利貞。
象曰：否情大遇，定所同因，元亨利貞。
九三，逆變性，毋恤。
象曰：否情大衍，因隙逆變，可為貞行，毋恤。
六二，勢定往否，無咎。
象曰：逆變取成，否情正用，無咎。

初六，謙循，隱往。

象曰：所憂害制取，隱往。

陽辨：◎否情，矛盾相隙，是因存在體，等價而成。在變易運行中，任何情境都會有缺陷，缺陷也是對映變化才會形成。不然存在的本質都是中性，沒有十全或完美的意義。故同一情境體中，相互矛盾的二者，仍有存在所衍伸的基本銜接。◎無論矛盾體系，是否互為複雜形成的因果，或互為對等的實體，必有因於一個共通的存在，所衍伸出來。

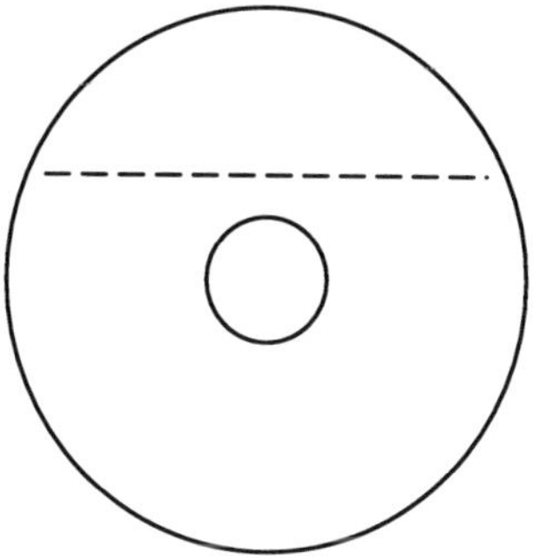

陰識：◎情緒與理智，時常相互矛盾，若非設歧而抑制，而情緒已然發作，基於乾綱原始，理智是無法反向克服的。然而理智只是一個空泛形影，其所實體顯現的智能行為中，情緒給予很大的影響，不可能捨棄情緒的支援，而塑造純粹理智。◎不少複雜的體系，當要開拓有新的演變路徑，都可能需要矛盾的因素給予支援，這原因並不複雜，如何反取存在等價的穩定結構而已。

⚊⚊⚊⚋⚋⚋⚊⚋⚊　遷魄卦

遷魄。大貞不吝，以大存，大利悠遠。

彖曰：遷魄，息作分，有阻，製變萬端而復立，易偏其所存也，貞固。

象曰：上否下明夷，遷魄。智者以維事基。

上九，擇倚，利貞。

象曰：遷魄之存，必有擇倚，時以利貞。

九八，存散據，可易形。

象曰：存散據，其以制變也。

九七，遷魄分制。

象曰：分制而隔，困而不厄也。

六六，息作否分，無咎。

象曰：雖不見利勢，其固也，無咎。

六五，行否復克。

象曰：遷魄所鎮，宜其構也。

六四，明夷行涉，元亨。

象曰：明夷所傷，遷魄複設，重行涉，元亨。
九三，後擇，為吝。
象曰：雖遷魄分制，後擇失明難道，為吝矣。
六二，歧沕頤，亨。
象曰：歧沕頤，異致因果，難傷，亨。
初九，遷魄大存，大人之吉。
象曰：以高識而有眾，不恤敗，大人之吉。

陽辨：◎遷魄，據點而牽變制樣，深隱形行的根源。一種形行功能的強韌或穩固，必定把運行功能與支持存在，兩者拆解而分制。當運作功能損毀，支持存在仍然續存，而可以在另行途徑與型態，以重塑該功能。◎分制得越遠，則所立之構，於易體常行而論，越加深固。曰「遷魄易立」。

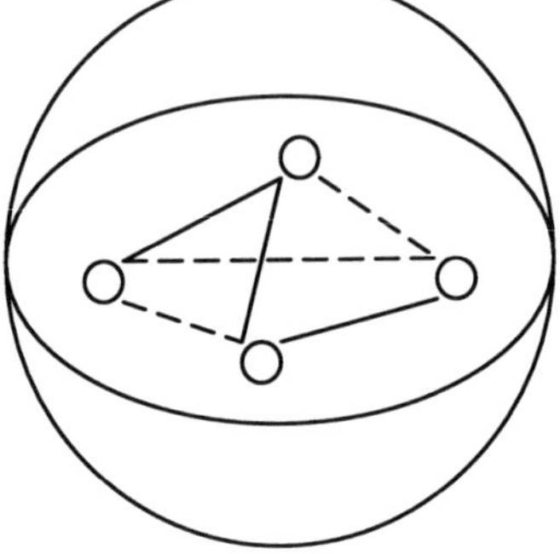

陰識：◎還魄的分制，首在於背景時義之則，重新解構因果之律，而倚所存大則成還魄之制。◎從物種定義體，到文明定義，乃至於乃至於簡單的生命機能，運行功能與支持存在，若分制得越遠，雖不見得能強勢，然遇困阻則越容易克復，或越頑強，所延綿的壽限也比較長久。

— — — -·- -·- — -·- -·- — 鍵方卦

鍵方。先利而後阻，易無既，往吝。

象曰：鍵方，先宜而後不宜，行利而演不利，本無一而基有定，演必吝矣。

象曰：上無妄下震，鍵方。智者以文數同體，不偏行學。

上九，易不據。

象曰：道先無窮，易不據矣。
九八，廣鍵方。
象曰：所衍不據，廣鍵所方，以有得也。
九七，方文體，無咎。
象曰：方文體，雖未輯，演可行，無咎。
六六，傾鍵方，後有大遺，不利攸往。
象曰：易不容基，演不切也，有大遺於後，不利攸往。
六五，簡鍵方，不利貞。
象曰：簡鍵方，以所基，而後演之失，不利貞。
九四，無妄之識，利攸往。
象曰：始雖艱，易不據而利其演，故利攸往。
六三，型繫義簡，元亨利貞。
象曰：鍵方有旨，利演行，元亨利貞。
六二，後修義，利貞。
象曰：有不適之阻，修義再行，承繫續晉，利貞。
初九，放利之修，吝，終厄。
象曰：非不行，放利之修，必失體，吝矣，終厄。

陽辨：◎鍵方，方程的後遺不符。倚亨樑卦，無論是複雜至簡單的降冪數論，還是由簡單而複雜的常習方程，都可以通於現實的變化，故常習雖逆，亦能建制承行。然而物質存在沒有絕對根本性，道先無窮而終於一，所以無論順逆方程，只要涉及最基本「一」的定義，整個建制必定有不可量制之法則。

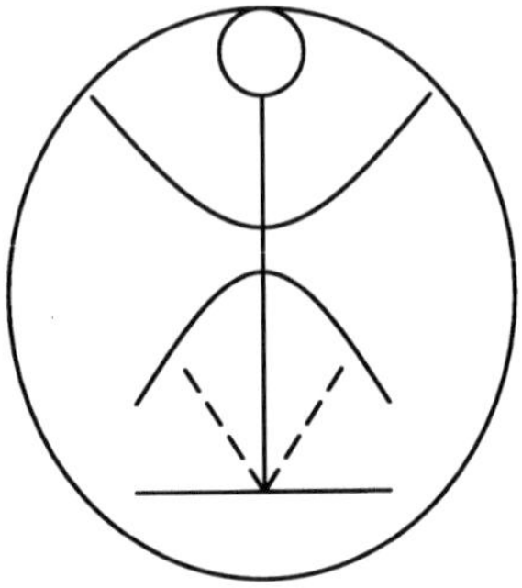

陰識：◎數論文字等方程之制，關鍵在於最初，不可僅以便利從宜而為，不然始行雖通達，而隨著其不斷接觸其他複雜形式而演變，必更快地發生不可量制之狀。起始於複雜而未有單位的定義，許多狀態無法合切，但後衍延續之效益，自然彰顯得出，放利於短暫與規至於長久，所差距在此。

一一一-:--:-一-:-一一　彌遠卦

彌遠。啟昱悠遠，智附作，亨。

象曰：彌遠，降所伏，眾組而異關，承行識未可見，失鑑往吝，不利攸往。
象曰：上無妄下歸妹，彌遠。學者以鑑聞構遠。
上九，忖階之降，貞固。
象曰：其知冪以往，貞固。
九八，深幾彌遠。
象曰：深幾彌遠，有所涉制，大利悠遠。
九七，同降，複組。
象曰：易知同降，複組而必有未料，往吝。
六六，知行彌遠，元亨。
象曰：以情境動異也，元亨。
六五，附作以組，利艱貞。
象曰：彌遠置惘矣，利艱貞。
九四，無妄復作，終厄。
象曰：知降潛返矣，必失鑑，終厄。
六三，歸妹後繼。
象曰：其不利所承人。
九二，荷逆之惘，慎固。
象曰：當憂未易，慎己所固。

初九，枉彌遠，凶。

象曰：枉彌遠，已存之，凶。

陽辨：彌遠，眾體遠塑，改變上行組合態。倚忖階卦，意識相對高階，眾多的意識降作於情境，必定會改變情境潛伏之勢，而使整個情境體取象的組合，發生變化。即忖階降冪與變易降冪的同作。

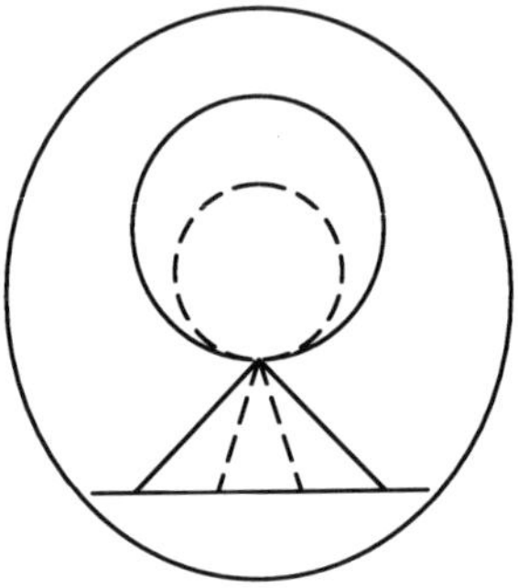

陰識：◎高階降作而有彌遠之塑，必定產生情境的潛伏，以時間遠塑，文化行為之於文明，是基本的組合，然而其組合的規律，必因以而有非經驗的重組，從而在文明的時間延續中，顯現重組的潛作態勢。◎是故除了變易體產生的時間流程，意識的本身也會在這時間流程中，投入組合之變。

光沙卦

光沙。取象似光，積影如沙，元亨。

象曰：光沙，積影如沙，幾制所度，其臻絕之尺，高冪以適究，大元立其亨矣。

象曰：上無妄下小過，光沙。學者以求極度之衡。

上九，易冪兟恆。

象曰：易冪兟恆，所歷定式，何可哀吝。

九八，光沙荷健，有遺。

象曰：其學行溺矣，行往有遺。

九七，降冪之跡，貞固。

象曰：光沙可積，其跡攸往，貞固。

六六，光沙積塑。

象曰：棱紡類如，識型大觀，所義系衍矣。

六五，無妄制象，終失。

象曰：光沙浮影，無妄制象，未及臻義，終失。

九四，行影小過，無咎。

象曰：其攸往慣態，失知矣，而行可亨，無咎。

九三，光沙集積，不利其攸。

象曰：愎疇似如，曲所常度，未可象也，不利其攸。

六二，歧辨之阻，不利貞。
象曰：雖已識，歧辨而未行高冪，亦必困阻，不利貞。
初六，極臻之度，利艱貞。
象曰：索於高冪，求光沙之度，利艱貞。

陽辨：◎光沙，降冪式的根本量衡，降冪之於時空尺度的重組。倚彌遠卦之塑，累積意識整體，可以重組情境潛伏之狀態，若更高階之變易體降冪，累積更根本的存在事態，必定重塑情境與情境潛伏的尺度本身。而此存在，對於常態的意識而言，卻很難顯現。◎需要延展歷史時間與各種型態之對比，才能發現意識集約體，返降情境的重組軌跡。那麼變易體所降冪重塑，則更加難以觀察。

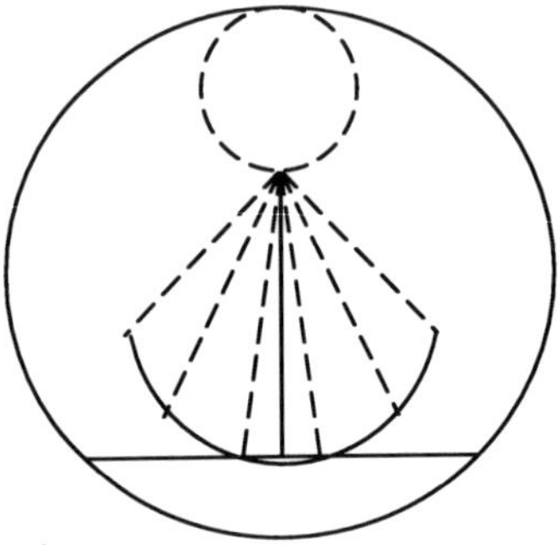

陰識：◎相對論時間尺度弔詭的情況，其意義並不止於愛因斯坦所述的「狹義速度」與「廣義重力」，不只是增加速度與累積質量，可以重組時空尺度。只要是牽涉變易體降冪的軌跡取象型態，都可以重塑時空尺度，且所重塑之域，必可延展另一族系的情境態勢。故曰：「光沙積塑」，其於屬著所義大矣。

— — — -:- -:- — — — -:- 延代卦

延代。時義通貫，利所攸行。

彖曰：延代，時義本述，連氣行亨，義無間而引取有限，雖鑑所顯，有失明之所矣。

象曰：上無妄下恆，延代。學者以時義，建踐精神。

上九，恆義通貫。

象曰：恆義通貫，延代引敘。

九八，恆行無情。

象曰：其總義大亨而不吝，不恤其逆也。

九七，慣型取象，往吝。

象曰：雖未錯，慣型之，失大健矣，往吝。

六六，延代覷影，因限。

象曰：未涉通貫，脈動引限也。

六五，大引不恤，無咎。

象曰：以有後義也，無咎。
九四，無妄之形，厄。
象曰：其以未涉之吝，故厄。
九三，延代及態，利涉大川。
象曰：及態，精神關攸，延代之亨，利涉大川。
九二，延代大塑，元吉。
象曰：有以攸，大塑其往，元吉。
初六，延代連制，大利攸往。
象曰：段鑑而可連制，有以亨，大利攸往。
陽辨：◎延代，時義之本述，穿越時代意義的精神脈動。不論衡量時代的尺度，是短小的人類歷史階段，還是長遠的星辰變化間距，都必有穿過整個定義時間軸，的總綱脈動，而未必被智能所體會。甚至最有智慧者，對自己生命的本身脈動，也未必能夠理解。

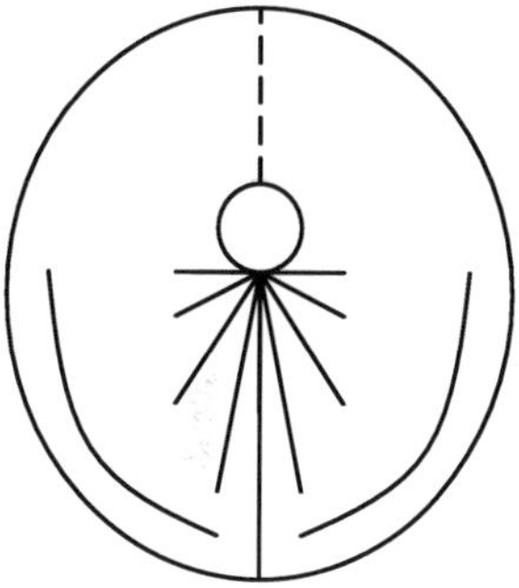

陰識：◎各項層次的延代脈動，實際上同體連枝，只是取象者在不同的思維慣性，所引取的態勢相異，相異的型態所認定的「客觀」，其層級也會不一致。◎假設只取一區間的延代時義，引為精神具象，脈動所產生的能量，就只會顯現於該範圍，而其他就運行而未能顯見，則必隨機產生無法預料之困厄。延代脈絡之於精神格局之義大矣。

— — — -:- — -:- -:- -:- -:-　跡皈卦

跡皈。虛象變，實易冪之固，元永貞。

彖曰：跡皈，易體塑位，其所貞，本元之移，易跡皈式，以陰映矣，是情以衰也，不利悠遠。

象曰：上訟下比，跡皈。智者以演繹氣數。

上九，易永貞，無恤。
象曰：易體永貞於映，必無恤所滅矣。
九八，塑元之冪，貞固。
象曰：塑元之冪，易所降也，貞固。
九七，比其跡，有顯。
象曰：雖有顯，不知深制，亦蹈其跡。
六六，後盛，無可恃。
象曰：跡皈後作，其盛返照，必變，無可恃。
九五，訟阻，終凶。
象曰：或緩跡皈，遇訟阻，衰不可回，終凶。
六四，恐無避，終際數。
象曰：恐所滅而無所避，跡皈制情，終際其數也。
六三，無即迷愚，厄，吝。
象曰：跡皈雖行，降冪帶作，無即而迷愚，必厄而吝。
六二，繹跡皈，有啟慧。
象曰：雖未必亨，智有啟慧，利攸往。
初六，啟冪位，吉。
象曰：有識也，以啟易而延役冪位，利貞，吉。

陽辨：◎跡皈，本元移位，成氣數衰變的運行。複雜龐大的體系，其衰變歷程，必定有構成本元逐漸移位，而不可逆轉，所形成的系統生滅態勢。◎本元即支持這個情境系統運行的變易體位度。倚葶綱卦，變易體到情境體是一連串縱深連冪，本元就沒有立即的需求性，若其離位，則情境系統氣數衰變的命運已定，卻仍然可以，因連冪暫時阻隔，維持一定的運行時間，甚至可以在這段時間，產生某一程度的壯盛之態。此謂「白陽跡皈」。

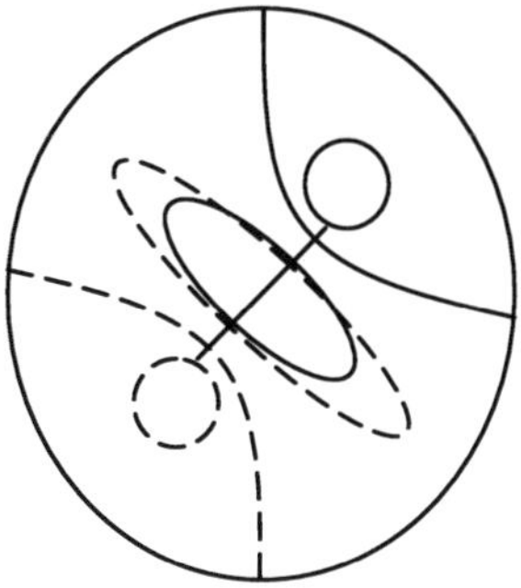

陰識：◎從道教及其支脈教派的理論，青陽期道在帝王，紅陽期道在公卿，白陽期道在庶民。這雖然只是宗教的語言，然而將之對應實際文明史，卻有一定程度的符合，象徵文明本元移位，與文明體的衰變。◎分析跡皈型態之因，可以非常複雜，然而根本之易，變易體位度改變。其所產生的衰變結果，就出現盛極而衰的曲線之態，實際上盛衰之起伏，是在連串降冪帶作中，相互拉扯而成者。

⚊⚊⚊⚋⚊⚋⚋⚋⚊ 中衍卦

中衍。始衍亨偏，羅而成逆，慎固。

象曰：中衍，不偏以易，入亨偏矣，演有惡，規是甚益，必有爭噬，慎固，無咎。

象曰：上訟下屯，中衍。勇者雖鄙爭，亦顧大體而自安。

上九，至隔之困，不利貞。

象曰：象行中衍，易以至隔，無可及，不利貞。

九八，始變，元亨。

象曰：已受其因，元亨。

九七，中衍反羅，貞固。

象曰：反羅而爭比，其易之倫矣，必有相惡，貞固。

六六，逆義爭訟，無吝。

象曰：似可無趣，實必為之，無所可吝。

九五，殘訟，無咎。

象曰：中衍羅織，入於殘訟，必矣，無咎。

六四，無度拂觸，凶。

象曰：拂觸求健而不知度，中衍而乖，凶。

六三，先中態用。

象曰：先中成態，用未必義矣。
六二，織相同演，慎厄。
象曰：鄙劣亦得健易，慎其優敗之湮。
初九，屯反居，貞吉。
象曰：其智度演織，取益滅害，貞吉。

陽辨：◎中衍，中性態勢在因果律中之織演。在變易降幕中，前期的一個中性顯現，後態將會以此為中軸，演變出各方面的相對狀態，並羅織成一情境區義。

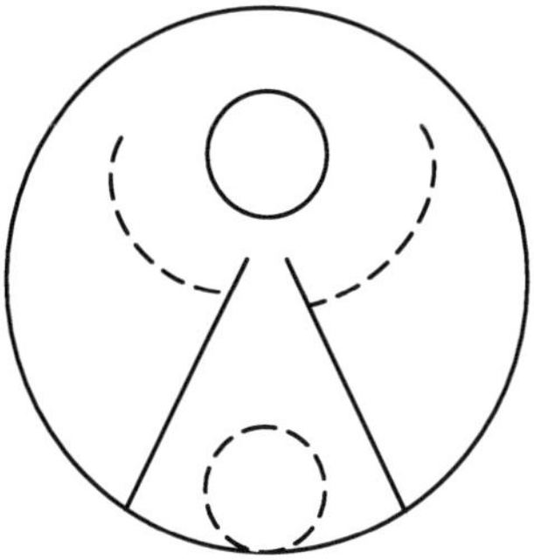

陰識：◎或許是優與劣、大與小、強與弱、善與惡，甚至對中性本身顯現的有利與不利，都會在一定的變易程度中，同時演織而出。◎同樣一種生物求生本性，可以造成各種不同

性態，同樣一種自擇態勢產生的同一種生物，個體之間竟可以有極端好壞的差別。這種相對性的辨識，對原始的中性來說，只是演變中一種全方面的中衍羅織。

鬼佑卦

鬼佑。陰象返實，出所意，逆固。

彖曰：鬼佑，陽維不彰，然實攸庇之，入於淵矣，似虛流而其陰結，必返實顯。

象曰：上訟下節，鬼佑。智者見情以同識反象。

上九，蔽陰義，不利涉大川。

象曰：蔽陰義，失攸往，不得其能也。

九八，蔽一曲，終厄。

象曰：其理闇矣，終厄。

九七，佑訟，未可爭。

象曰：已蔽矣，陰返而雖訟爭，亦不得。

六六，鬼佑攸往，遇中吉，行終凶。

象曰：陰循自銜也，雖遇中吉，行終凶。

九五，不及見，終有大易。

象曰：陰蔽矣，不及見而實存焉，故終有大易，不競凶。

六四，虛返實，貞固，往吝。

象曰：以不見而動其實也，貞固，往吝。
六三，異軌，不利攸往。
象曰：鬼佑拊也，雖艱貞，不利攸往。
九二，虛節深度，無咎。
象曰：其節涉深，雖未必得，是向也，亦無咎。
初九，縱維之智，吉。
象曰：縱維之智，不偈見，其通慧，吉。

陽辨：◎鬼佑，陰象之實，所行之庇。表觀所實之象，必同存陰象，探之以求見所行時接，卻不知之易。◎因果律，並不是眼睛所觀察與意識所體會的過程而已，尚有兩者都探索不到的範圍，也同時連結整個因果的定義中，為陰象。而陰象之間也會有所連結，連結到達某一種可以驅動現實變化的程度，就會返實而作。

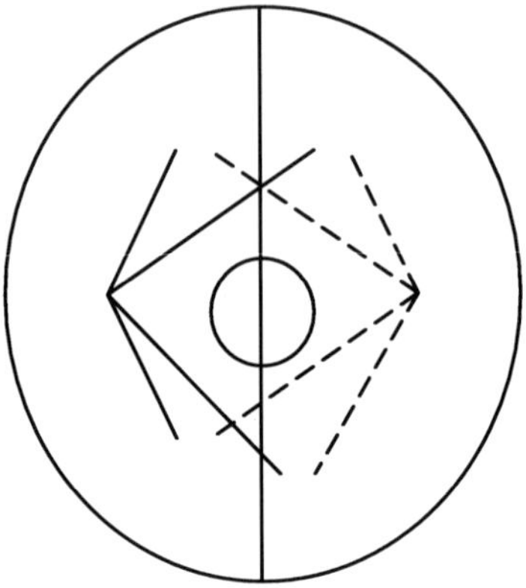

陰識：◎哪怕記錄了所有的因果經驗，也仍然會在現實中，發生意料之外的流程。只要表象的存在運行下去，則深度的法則也緊緊跟隨，而不能純粹用表象的經驗歸納去推知。◎人類這種智能生物，善於拒絕別人，但是不善於拒絕自身命運。◎任何的思維或行為，皆入陰象連結，以漸成鬼佑之狀。故真正智慧型計畫之義，不僅平行於顯現之態，尚有表裡之縱深。

—— —— —— —— -- -- —— —— -- 綑蘊卦

綑蘊。無窮降翦，始則本綑，固。

象曰：綑蘊，降作減綑，而始脈因存形，是以健蘊於體具，元亨。

象曰：上遯下蠱，綱蘊。易以兼乾坤。
上九，遇遯降，不可阻。
象曰：既有生形體具，必遇遯降，不可阻矣。
九八，坤型乾，中形。
象曰：內外互因，而蘊其型，故而中形。
九七，蠱動雜窮，統緒至亨。
象曰：雖見焦爛，雜窮不固，大後而統緒其綱，至亨。
九六，遇外擇變，利艱貞。
象曰：綱蘊遇外，行自擇之變，利艱貞。
六五，窮解不涉，易行。
象曰：窮解，不涉亦不滅，易行也。
六四，類同綱，往吝。
象曰：僅著現觀，降作非同，有迷，往吝。
九三，飭振綱往，元亨。
象曰：繁密飭振，求綱倚之往，元亨。
九二，綱蘊健作，隨遇自擇。
象曰：隨遇自擇，始因作而未顯查，不利攸往。
初六，降間綱蘊，不可窮。

象曰：其反可復，固不可窮也。

陽辨：◎絪蘊，外界影響，對於體具內之所形，乾絪脈絡偏顯。在感知定義中，每一個階段的乾絪原始因素，似皆等作於現階段，然而坤解由外而無窮內降，每一環節因外界不穩定而降解，則原始的因素漸顯其健。◎體具內外相互都有影響，只是我們觀察偏頗，內而外有形且具體的乾絪因果，外而內的坤解無形，受偏導以致忽略。

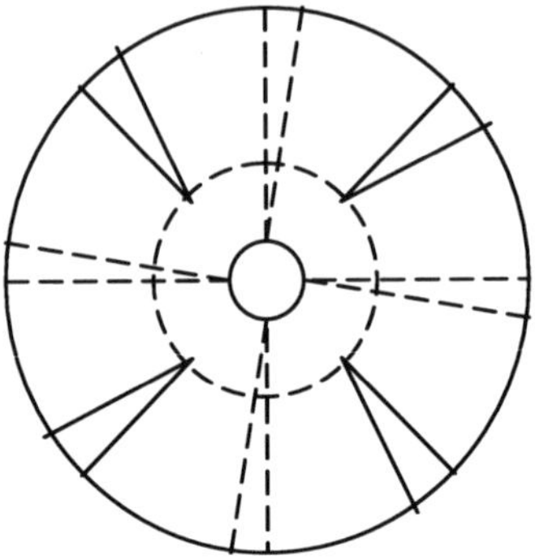

陰識：◎變易並沒有形體的內外，而生命意義依附變易法則，去建立型體內外運行差異。故外界變化也可以在最深層的時空意義中，影響生物體的自擇，也就是基因的組合演化，只是這種由外而內的影響，降作無窮，呈現無形且長期之引導，所以讓自擇具備了運行的空間。

⚊⚊⚊⚊⚊⚋⚋⚊⚊　對闊卦

對闊。無窮象對，益增智健，利攸往。

彖曰：對闊，用廣以信，姤遇無窮，對象而增識，闊形之智也，故大利攸往。

象曰：上姤下中孚，對闊。學者以內象勤思，而後外踐。

上九，識體混形，利攸往。

象曰：先生廣義哉，可對闊也，利攸往。

九八，姤顯生，以欲取義。

象曰：以欲取義，顯生之作，不利悠遠。

九七，識行生健，反棄，貞固。

象曰：識行惡固，生健也，然顯生其義，反棄而貞固矣。

九六，混形厲窮，固義之吝。

象曰：識體見窮而危厲，固義而求之，必吝。

九五，起宇對象，元亨。

象曰：對象而新義生，識益，元亨。

六四，展窄中孚。

象曰：其大中而展，能以上義，利艱貞。

六三，識孚蒸，成性，無咎。

象曰：欲窮廣足，識體混形而伏求矣，成性也，無咎。
九二，少極因對，可積，利貞。
象曰：必有識生而可積，行之，利貞。
初九，對闊融一，吉。
象曰：因對眾識，而以合也，利涉大川，吉。

陽辨：◎對闊，智能認知之廣義化。感知是在混亂當中自擇秩序，所以在感知系統建立智能之前的「存在等價」的意義中，先天就具備重新定義秩序的動能，只是後天的取捨，慣性承襲於最便利解釋，而不去運用它。◎倚少極卦，累積各種，相對無窮的連通意義，則思維逐漸可以突破意識的窄義。兩個無窮大可以建置一種意識。不斷地建置中，融合新異之義，則厚度與廣角就展開了，把窄義逐漸擴增，用這各做基礎，創造就具有優勢。

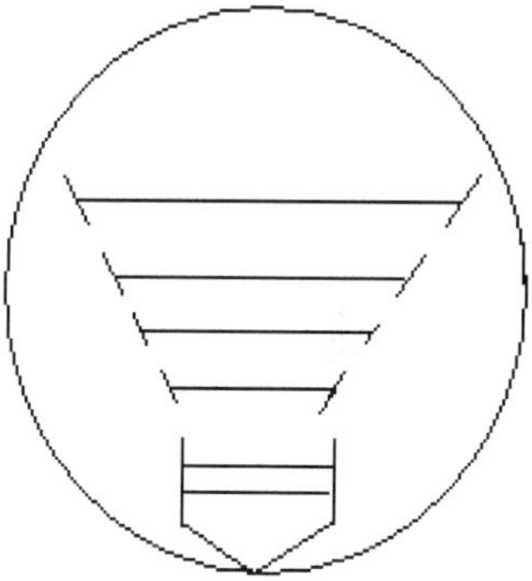

陰識：◎當環境限制，而不再讓智能辨別，有發散意義之境，若是自力不達則恐慌，被強制限制則苦悶。思力不達的哲學家，與被關押在牢的囚徒，心情意境是相似的。◎日常生活雖然有限制情境，但是人的意識時常都會企圖突破，所做的只是不以虛假矛盾而拋棄，而後定象解析，吸納於混體的意識於其中。只是一般人拋棄了這種動能，而轉化為現有知識的位能。◎一般的科學家並不是不如牛頓認真，也不是不如愛因斯坦聰明，亦非沒有資源實踐，奈何鮮少突破性的成就？定義於一個僵化的科學形式，執迷於一種流程意識，則很難將智能對闊出顯，很多創造的思維，就因而喪失卻不自知。